401.1
K
27408

CAUSERIE

SUR

LE GRAND ORGUE

DE

LA MAISON A. CAVAILLÉ-COLL

A SAINT-OUEN DE ROUEN

PAR

C.-M. PHILBERT

AVRANCHES

IMPRIMERIE DE HENRI GIBERT, RUE DES FOSSÉS.

M.DCCC.LXXXX

LE GRAND ORGUE

DE

L'ÉGLISE SAINT-OUEN

DE ROUEN

GRAND ORGUE DE L'ÉGLISE St OUEN A ROUEN
Construit par la Maison A. CAVAILLÉ-COLL

CAUSERIE

SUR

LE GRAND ORGUE

DE

 LA MAISON A. CAVAILLÉ-COLL

A SAINT-OUEN DE ROUEN

PAR

C.-M. PHILBERT

AVRANCHES

IMPRIMERIE DE HENRI GIBERT, RUE DES FOSSÉS.

M.DCCC.LXXXX

Plusieurs personnes m'ont engagé à publier mes impressions touchant le nouvel Orgue de Saint-Ouen de Rouen, que j'ai été à même d'étudier.

Les voici :

L'ANCIEN ORGUE

Pour bien se rendre compte de ce que gagne Saint-Ouen à la possession de son nouvel instrument, il importe de savoir ce qu'était l'ancien.

Le vieil orgue de Saint-Ouen avait été construit vers le milieu du règne de Louis XIII. On ne sait trop qui en fut l'auteur (*). C'était un grand seize pieds en montre, de cinquante jeux, à cinq claviers à main et pédale à ravalement de vingt-quatre pieds.

Voici quelle en était la composition en 1851 :

PÉDALE DE DEUX OCTAVES DE FA EN FA

1.	Flûte de 16 pieds (bouchée)	de 23 notes	commençant	au sol	de	$21\ 1/3$	p.
2.	Flûte ouverte de 8 pieds	»	»	»		$10\ 2/3$	
3.	Flûte ouverte 4 »	»	»	»		$5\ 1/3$	
4.	Quinte-flûte $5\ 1/3$ »	»	»	au ré		7	
5.	Bombarde 16 »	de 25 notes	»	au fa		24	
6.	Basson 16 »	»	»	»		24	
7.	Trompette 8 »	»	»	»		12	
8.	Clairon 4 »	»	»	»		6	

(*) Le buffet porte la date de 1630. D'après Hopkins et Rimbault (*The Organ, its history and construction*), un facteur écossais, nommé Georges Leslie, estimé dans son temps et établi à Rouen, aurait construit, en 1640, l'orgue de Saint-Godard de cette ville. On pourrait peut-être supposer qu'il fit aussi l'orgue de Saint-Ouen.

CLAVIER DU POSITIF DE QUATRE OCTAVES ET DEMIE
D'UT EN FA

1. Montre de......... 8 pieds.	8. Dessus de cornet de 5 rangs.
2. Bourdon........... 8 »	9. Plein-jeu.......... 4 »
3. Dessus de flûte..... 8 »	10. Basson-hautbois de.. 8 pieds.
4. Prestant........... 4 »	11. Cromorne......... 8 »
5. Dessus de flûte..... 4 »	12. Trompette......... 8 »
6. Doublette.......... 2 »	13. Clairon........... 4 »
7. Nazard............. 2 2/3 »	

CLAVIER DU GRAND-ORGUE DE QUATRE OCTAVES ET DEMIE
D'UT EN FA

1. Bourdon de....... 16 pieds.	8. Nazard.......... 2 2/3 pieds.
2. Dessus de bourdon. 16 »	9. Tierce.......... 1 3/5 »
3. Montre........... 8 »	10. Plein-jeu de....... 10 rangs.
4. Bourdon.......... 8 »	11. Voix humaine de... 8 pieds.
5. Dessus de flûte..... 8 »	12. Première trompette. 8 »
6. Prestant.......... 4 »	13. Deuxième trompette. 8 »
7. Quarte de nazard... 2 »	14. Clairon........... 4 »

CLAVIER DE BOMBARDE DE QUATRE OCTAVES ET DEMIE
D'UT EN FA

1. Montre de......... 16 pieds.	3. Bombarde de...... 16 pieds.
2. Dessus de cornet de	4. Trompette......... 8 »
16 pieds et de... 5 rangs.	5. Clairon........... 4 »

CLAVIER DE RÉCIT DE TRENTE-CINQ NOTES DE SOL EN FA

1. Flûte ouverte de.... 8 pieds	3. Cornet de......... 4 rangs.
(sans registre)	4. Trompette de...... 8 pieds.
2. Bourdon.......... 8 pieds.	5. Hautbois.......... 8 »

CLAVIER D'ÉCHO DE TRENTE-SEPT NOTES DE FA EN FA

1. Flûte ouverte de.... 8 pieds
   (sans registre)
2. Bourdon............ 8 pieds.
3. Cornet de.......... 4 rangs.
4. Trompette de...... 8 pieds.
5. Clairon............ 4   »

REGISTRES ACCESSOIRES

1. Tremblant fort.
2. Tremblant doux.

Ces deux tremblants agissaient sur tout l'orgue.

L'instrument contenait en tout 3,264 tuyaux.

Les claviers du positif, de la bombarde et du grand-orgue s'accouplaient entre eux, au moyen de talons, en tirant en avant ce dernier clavier.

La soufflerie se composait de deux séries de six soufflets cunéiformes, mis en jeu par des bascules à la main. La première série alimentait la pédale, le positif et l'écho; la seconde le grand-orgue et le récit.

Le détail ci-dessus suggère diverses observations.

Suivant la coutume du temps dans lequel l'orgue avait été construit, coutume qui s'est perpétuée chez nous jusqu'au second tiers du siècle actuel, trois seulement des cinq claviers à main étaient complets; le clavier de récit manquait des dix-neuf, celui d'écho des dix-sept premières notes à la basse.

Au clavier de pédale, le seul jeu de fond de seize pieds n'était qu'un jeu bouché et tous les jeux à bouche ne descendaient qu'au sol, tandis que les jeux d'anche allaient jusqu'au fa du ravalement.

C'était incomplet mais pourtant déjà mieux que dans la plupart de nos vieilles orgues, où, sur ces mêmes pédaliers en fa, les jeux à bouche ne dépassaient pas au grave le premier ut et, chose plus singulière et plus défectueuse encore, ne sonnaient le plus souvent que l'octave aiguë du jeu le plus bas du grand-orgue ; le huit pieds s'il y avait un seize pieds, le seize pieds s'il y avait un trente-deux pieds à ce dernier clavier, bien que, comme dans l'orgue de St-Ouen du reste, aucun accouplement n'existât entre la pédale et les claviers à main.

A Saint-Ouen, le clavier de bombarde ne possédait qu'un unique jeu de fond, la montre de seize pieds, distraite probablement du sommier du grand-orgue, par suite de l'impossibilité de la nourrir convenablement avec les autres fonds, sur des gravures telles qu'on les construisait jadis. Il en résultait que ce jeu très important, mais qu'on n'emploie pas seul, se trouvait gauchement isolé de ses congénères et que, pour s'en servir dans les mélanges classiques de l'ancienne école dont il devait faire partie, (fonds, plein-jeu, grand jeu de tierce), il n'y avait d'autre moyen que d'accoupler les claviers, ce qui devait être fort gênant.

Outre cette montre, le clavier de bombarde ne portait que trois jeux d'anche de grand-chœur et un cornet, ce dernier de seize pieds, chose sans exemple, je le crois, au XVIIe et au XVIIIe siècles.

Sur les deux claviers de récit et d'écho, la flûte de huit pieds qui en était le principal jeu de fond restait ouverte à demeure,

Sur tous les claviers à main, les jeux de fond étaient en assez petit nombre et en partie incomplets, car un bourdon de 16, deux flûtes de 8 et une flûte de 4 pieds n'existaient que dans les dessus. Cette dernière particularité semble toutefois indiquer qu'on avait senti la nécessité d'augmenter la force dans la région élevée, pour la mettre en équilibre avec la basse, généralement trop prépondérante sur les claviers à main de l'ancienne facture. Les jeux de fond ne présentaient d'ailleurs que fort peu de variété car, comme tous ceux de cette époque en France, ils ne consistaient qu'en principaux ou flûtes ouvertes et en bourdons.

Les pleins-jeux étaient bien nourris par rapport aux fonds, car ils formaient un ensemble de quatorze rangées, mais, contrairement à l'usage généralement en vigueur autrefois, les fournitures et les cymbales s'y trouvaient réunies sur une seule chape, au lieu d'être gouvernées par des registres distincts.

Contrairement encore à cet usage, les éléments du grand jeu de tierce, gros nazard et grosse tierce, manquaient au grand-orgue, ainsi que deux du petit jeu de tierce, tierce et larigot, au positif, lacune assez opposée à la tradition pour faire penser que, dans quelque remaniement antérieur à 1851, ces quatre jeux avaient été supprimés, afin de faire place aux dessus de bourdon de 16 et de flûte de 8 et de 4 pieds signalés tout à l'heure.

La série des jeux d'anche, fournissant, avec deux

prestants et deux cornets, un grand-jeu de seize registres, n'offrait rien de particulier, sauf la présence d'un basson de 8 pieds à la pédale, chose inconnue dans les orgues du XVIIe siècle, car dom Bédos n'en fait aucune mention. Ce basson aura probablement été introduit après coup à la pédale, en remplacement de la seconde trompette qui était de rigueur à cette époque et qu'on voit figurer au grand-orgue. (*)

Les deux buffets de l'instrument, style Louis XIII, en chêne sculpté et décorés de figures importantes, étaient fort beaux en eux-mêmes, mais mal en harmonie avec l'architecture gothique de l'édifice.

Somme toute, appelé en 1851 à vérifier l'état de l'orgue de Saint-Ouen, M. Cavaillé-Coll le classait parmi les plus grands instruments de France et y reconnaissait des qualités primordiales fort remarquables. Malheureusement, dès cette époque, on constatait que les claviers et le mécanisme en général étaient très détériorés par l'usage, la soufflerie en mauvais état, les conduites de vent défectueuses, et que les sommiers

---

(*) Durant mon séjour, très court d'ailleurs, à Rouen, j'avais en vain recherché des documents méritant créance touchant l'histoire de l'ancien orgue. Mon opuscule déjà sous presse, je reçois communication d'un article fort intéressant sur cet objet, publié par M. l'abbé COLLETTE, dans le *Patriote de Normandie*.

Des détails qu'il contient, il résulte que l'orgue de 1630, dont on ne connaît pas l'auteur, a été saccagé au commencement de la Révolution et que celui qu'a remplacé l'instrument actuel a été construit par Dallery et terminé en 1828.

Ce fait explique les dérogations au système de facture des XVIIe et XVIIIe siècles que j'ai signalées.

Il me paraît toutefois probable que pour la reconstruction de 1828 on aura utilisé, du moins en partie, les sommiers primitifs.

et les tuyaux avaient beaucoup souffert des travaux de maçonnerie exécutés au portail de l'église et à la rosace située au-dessus de l'orgue.

De 1851 à 1882 l'orgue fut l'objet de quelques réparations et subit certaines modifications. On fit une nouvelle soufflerie et on réduisit à quatre le nombre des claviers, en supprimant celui d'écho pour établir un récit expressif de dix jeux, tirés principalement de l'écho supprimé et de l'ancien récit, avec addition de la voix humaine enlevée du grand-orgue, d'une flûte harmonique, d'une gambe et d'une voix angélique.

Une gambe et une flûte octaviante furent aussi introduites au positif en remplacement des dessus de flûte de 8 et de 4 pieds.

Au grand-orgue, on élimina le dessus de bourdon de 16 pieds et les cinq rangées de cymbale du plein-jeu furent placées sur un registre séparé.

L'instrument n'avait cependant reçu aucun perfectionnement sérieux, de nature à le mettre au niveau de la facture moderne. La conduite de vent n'avait pas été améliorée, il n'y avait pas de réservoirs régulateurs à proximité des sommiers, beaucoup de gravures étaient insuffisantes, de tout cela résultaient de nombreuses altérations, le récit qui n'avait que quarante-deux notes était resté incomplet, la pédale également incomplète et dans une échelle tonale surannée et désavantageuse, il n'y avait pas de pédales de combinaison, pas de levier pneumatique surtout, pour adoucir et égaliser le toucher et pour fournir les nombreuses facilités d'accouplement, qu'on exige aujourd'hui.

Aussi dut-on reconnaître qu'une réparation ordinaire resterait absolument insuffisante et qu'il fallait une restauration foncière et complète de toute la partie mécanique et instrumentale de l'orgue.

On finit par s'y décider en 1888, grâce surtout au sens artistique élevé, au zèle de M. Panel, curé de la paroisse, à sa générosité et à celle de M. Guéroult, actuellement organiste titulaire.

On verra tantôt comment cette restauration est devenue une vraie reconstruction.

LE CHOIX DU FACTEUR

Les travaux ont été confiés à la maison A. Cavaillé-Coll.
Pourquoi ?
Écoutons les maîtres.

Chez nous :

M. WIDOR : « Nous n'avons en Europe qu'un seul et
» unique facteur d'orgues, lequel est un grand artiste,
» un honnête homme et un industriel dont les œuvres
» valent absolument le prix qu'il en demande ; c'est
» M. Cavaillé-Coll. Les autres sont aussi loin de lui que
» la prose d'un apprenti littérateur de celle de Pascal
» ou de Bossuet. »

M. GUILMANT : « Afin de ne pas établir d'équivoque
» sur ma manière de voir et d'être plus à l'aise pour
» vous conseiller un choix, je dois vous dire, tout de

suite, que je considère M. Cavaillé-Coll comme le
» premier facteur d'orgues de l'Europe. »

M. Th. Dubois : « Il est hors de contestation pour
» tout artiste que M. Cavaillé-Coll est le premier facteur
» d'orgues de notre époque et celui qui a introduit
» dans la facture les plus grands et les plus utiles per-
» fectionnements. »

En Belgique :

Lemmens : « M. Cavaillé-Coll n'a pas de rival sérieux.
» Les facteurs d'orgues de toutes les nations sont for-
» cés de lui emprunter ses belles inventions qu'en
» véritable artiste il a abandonnées à la facture. »

M. Gevaert : « En ce qui concerne les orgues de
» M. Cavaillé-Coll, mon opinion, d'accord avec celle de
» tous les artistes compétents, est que ces instruments
» sont incomparablement supérieurs à ce qui se fait
» dans l'Europe entière. »

M. Mailly : « Quoi qu'on en puisse dire, on n'en dira
» jamais assez. Cavaillé-Coll est le maître des maîtres. »

En Angleterre :

M. Best : « En quelque lieu que ce soit, M. Cavaillé-
» Coll est considéré comme un artiste tenant absolu-
» ment le premier rang. »

En Allemagne :

M. Adolphe Hesse : « De tous les instruments que
» j'ai vus, examinés et touchés, celui de Saint-Sulpice
» de Paris est le plus parfait, le plus harmonieux et

» réellement le chef-d'œuvre de la facture d'orgue mo-
» derne. »

Jury de sommités irrécusables.

Verdict unanime, explicite, positif, complet, absolu, qui n'admet pas de commentaires.

La fabrique de Saint-Ouen a bien dégagé sa responsabilité. Voyons comment M. Cavaillé-Coll a dégagé la sienne.

Mais, auparavant, un mot sur ses prix. On en fait un épouvantail.

Il y a là d'abord erreur matérielle. J'ai en main le catalogue de la maison Cavaillé-Coll, je sais les prix payés pour divers instruments à des facteurs de second ordre. *A égalité d'ouvrage fourni,* il y a réellement peu de différence.

Pour se rendre compte de la valeur même matérielle d'un orgue, il ne faut pas s'arrêter à sa grandeur apparente. Prenons par exemple deux orgues de trente mêmes jeux. A lui seul déjà le développement relatif de la soufflerie et du mécanisme peut faire varier le prix de revient dans de très larges proportions. Dans l'un des instruments la soufflerie ne consistera qu'en réservoirs alimentaires. Dans l'autre viendront s'y ajouter de nombreux accessoires ; égalisateurs, régulateurs de pression, antisecousses, destinés à assurer la perfection dans l'alimentation des jeux. Dans l'un, le mécanisme se bornera aux organes de traction directe des soupapes et des registres et à quelques accouplements élémentaires, chaque sommier n'aura qu'une laie. Dans l'autre, on rencontrera un ou plusieurs appareils de leviers pneumatiques, des doubles laies avec doubles rangées de soupapes et doubles tirages, quantité d'organes d'accouplement et de combinaison.

Il faut envisager ensuite la qualité, le choix plus ou moins scrupuleux des matériaux de bien des sortes ; bois de diverse essence, peaux, fer, acier, laiton, nickel, étain pur ou allié à différents titres, l'abondance relative de la matière dans certaines parties de l'orgue, dans les parois des tuyaux par exemple ; choses qui peuvent élever la valeur intrinsèque du simple au double.

Supposons même que tout jusqu'ici soit égal dans les deux instruments, il faut encore compter avec la perfection du travail ; consolidation, ajustage, fini minutieux de tout l'ouvrage, qui prendra un temps d'autant plus long, entraînera des frais d'autant plus élevés qu'on tiendra à y donner un soin plus exact.

Mais ce soin ne sera pas perdu, car, si la structure d'un orgue doit être délicate comme une mécanique de piano, elle doit être forte comme un gréement de navire. Sans la force, la délicatesse dépérira bien vite.

J'ai étudié quantité d'orgues, de beaucoup de facteurs, dans bien des pays. Ma conviction très nette est celle-ci : l'orgue payé le moins cher est celui qui coûte davantage. Retournez l'axiome comme vous voudrez, faites-en blanc bonnet ou bonnet blanc, peu m'importe ; des deux bouts il dit vrai. L'orgue bon marché ne vaut pas cher et, dès le lendemain de l'inauguration, réparation et renouvellement grattent à la porte de l'acquéreur triomphant mais candide.

Écoutons encore les maîtres.

Voici ce que m'écrivait autrefois M. MAILLY :

« Tout d'abord se présente la question du prix. Je
» pense qu'en matière d'art il est difficile de s'y atta-
» cher d'une manière absolue. Avoir un instrument
» *excellent* doit être la grande affaire. Pour ce qui con-
» cerne le facteur sur lequel vous voulez bien me
» consulter (Cavaillé-Coll), je ne crois pas, du reste, à
» la grande supériorité de ses prix.

» Si on s'adresse à des facteurs secondaires, il est
» évident qu'il aura sous ce rapport une situation
» impossible, mais il est de toute justice et de toute
» sagesse de ne compter qu'avec les maisons de premier
» ordre et, dans ces conditions, le célèbre organier
» français ne présente rien d'anormal. »

M. GUILMANT : « J'ai à la Trinité un grand orgue dont
» le mécanisme n'a pas été retouché depuis plusieurs
» années et qui néanmoins fonctionne avec une préci-
» sion mathématique. »

M. WIDOR : « Vous trouverez peut-être que c'est
» cher ? Nous répondons que c'est bon marché parce
» que c'est éternel et parfait. La mécanique de Saint-
» Sulpice n'a jamais été retouchée depuis trente ans,
» malgré les obus qui ont troué l'église par dix degrés

» de froid et la bataille de la Commune qui a brisé
» toutes les vitres par une chaleur torride. »

Peut-on en dire autant de tous les facteurs, de ceux-là même dont les prix diffèrent assez peu des prix de Cavaillé-Coll ? Récemment encore on citait l'exemple d'un grand orgue de Normandie qui, après dix-sept ans seulement d'existence, ne pouvait plus être joué et dut être entièrement reconstruit.

Où est le bon marché ?

Jusqu'à présent, remarquons-le, je n'ai parlé que de la valeur matérielle. S'il s'agit de la valeur artistique, la différence est encore plus grande. D'abord la valeur artistique n'a pas de prix. A ce point de vue, l'orgue médiocre est à l'orgue parfait comme rien est à tout. Mais, en outre, ne l'oublions pas, sur le terre à terre du marché industriel, cette perfection est extrêmement coûteuse. On n'y arrive qu'à l'aide d'un personnel spécial, absolument d'élite, difficile à former, précieux à conserver, et que, comme de juste, on paye ce qu'il vaut.

COMPOSITION ACTUELLE DE L'ORGUE

L'église de Saint-Ouen forme un immense vaisseau gothique à trois nefs et transept, qui a cent trente mètres de longueur sur une largeur proportionnée et quarante mètres de hauteur sous clef de voûte. La résonnance y est très grande, presque excessive. Le transept cependant y forme comme un barrage qui, sous toute son étendue, modifie sensiblement et éteint un peu l'effet acoustique.

C'était un vrai gouffre à remplir, il fallait un instrument des plus puissants. Mais, à cause de l'extrême sonorité, on devait rechercher une puissance de plénitude plutôt qu'une puissance d'éclat ; favoriser autant que possible l'assise solide du son fondamental plutôt que la mise en lumière d'harmoniques concomitantes élevées (*), qui, renforcées dans la région moyenne de l'édifice par les capricieuses répercussions de l'architecture gothique, y eussent tourbillonné et mis de la confusion dans l'effet, tout en manquant d'intensité vers l'abside, à cause de l'influence absorbante du transept.

Un large développement de la catégorie des jeux de fond et ensuite des jeux d'anche graves était dès lors spécialement indiqué. Par contre, bien qu'indispensables comme éléments constitutifs du genre de sonorité essentiellement propre à l'orgue, les jeux d'octave suraigus et de mutation ne devaient être employés qu'avec sobriété.

D'un autre côté, l'emplacement dont pouvait disposer le facteur imposait certaines réserves.

L'ancien buffet ne laissant que peu d'espace libre sur le devant de la tribune et limité en hauteur par le jour de la rosace devait être conservé et, s'il présentait au grand corps une largeur de neuf mètres, il n'y avait que deux mètres de profondeur et une hauteur décrois-

---

(*) Voir la note de l'appendice, page 88.

sant depuis dix mètres sur les côtés jusqu'à sept dans la partie centrale.

De plus, il n'y avait pas de local séparé pour la soufflerie. Originairement établie derrière le grand buffet, elle devait rester sur le même emplacement.

Le buffet du positif, situé à part et en avant comme dans la plupart des anciennes orgues, avait quatre mètres de large, mais n'offrait à l'intérieur que trois mètres cinquante centimètres de hauteur maximum utilisable et peu de profondeur.

Dans ces conditions, même en profitant de l'espace disponible en arrière au-dessus de la soufflerie et bien que la capacité de l'édifice eût pu avantageusement admettre, réclamât peut-être, un orgue encore plus considérable, il n'était pas possible de loger plus d'une soixantaine de jeux des dimensions requises pour produire l'effet qu'on devait rechercher.

Voici la disposition adoptée :

Le pédalier, mis à sa situation normale dans l'échelle tonale, a été étendu à deux octaves et demie d'ut en fa.

Les claviers à main sont restés au nombre de quatre. Comme à Saint-Sulpice et à Notre-Dame de Paris, chacune des deux laies du grand-orgue est gouvernée par un clavier spécial. Le premier, qui a retenu le nom de grand-orgue, est principalement consacré aux jeux de fond, le second, qu'on a continué à désigner sous le nom de clavier de bombarde, mais qui, plus logiquement, devrait s'appeler clavier de grand-chœur, porte les mutations et les jeux d'anche ordinaires. Les autres sont le clavier du positif et celui de récit expressif. Tous sont complets et ont l'étendue aujourd'hui généralement admise de cinquante-six notes d'ut en sol.

LISTE DES JEUX ET DES MÉCANISMES ACCESSOIRES

PÉDALE

Laies des fonds.

1. Sous-basse de ...... 32 pieds.
2. Contre-basse ...... 16 »
3. Sous-basse .... 16 »
4. Basse .... 8 »
5. Violoncelle ...... 8 »
6. Bourdon .... 8 »
7. Flûte .... 4 »

Laies des anches.

8. Contre-bombarde de 32 pieds.
9. Bombarde .... 16 »
10. Basson .... 16 »
11. Trompette .... 8 »
12. Clairon .... 4 »

GRAND-ORGUE

1. Montre de .... 16 pieds.
2. Violon-basse ..... 16 »
3. Bourdon .... 16 »
4. Montre .... 8 »
5. Diapason .... 8 »
6. Flûte harmonique .. 8 »

7. Salicional de ..... 8 pieds.
8. Bourdon .... 8 »
9. Prestant .... 4 »
10. Trompette en chamade .... 8 »
11. Clairon en chamade. 8 »

BOMBARDE

1. Grosse flûte de .... 8 pieds.
2. Flûte .... 4 »
3. Doublette .... 2 »
4. Grand cornet de 16 pieds .... 5 rangs.

5. Fourniture de ..... 5 rangs.
6. Bombarde de ..... 16 pieds.
7. Contre-basson .... 16 »
8. Trompette .... 8 »
9. Clairon .... 4 »

POSITIF

1. Montre de .... 8 pieds.
2. Bourdon .... 8 »
3. Gambe .... 8 »
4. Unda maris ...... 8 »
5. Dulciane .... 4 »
6. Flûte douce ..... 4 »

7. Doublette de ..... 2 pieds.
8. Plein-jeu de ..... 5 rangs.
9. Cor anglais de .... 16 pieds.
10. Trompette .... 8 »
11. Cromorne .... 8 »
12. Clairon .... 4 »

RÉCIT EXPRESSIF

Laie des fonds.

1. Quintaton de ..... 16 pieds.
2. Corno dolce ...... 16 »
3. Diapason .... 8 »
4. Flûte traversière ... 8 »
5. Gambe .... 8 »
6. Cor de nuit .... 8 »
7. Voix céleste ...... 8 »
8. Voix éolienne ..... 8 »
9. Viole d'amour .... 4 »
10. Flûte octaviante ... 4 »
11. Basson-hautbois de . 8 pieds.
12. Clarinette .... 8 »
13. Voix humaine ..... 8 »

Laie de combinaison.

14. Octavin de .... 2 »
15. Quinte .... 2 2/3 »
16. Cornet, 8 pieds de.. 5 rangs.
17. Carillon .... 1 à 3 »
18. Tuba magna de.... 16 pieds.
19. Tromp. harmonique 8 »
20. Clairon harmonique. 4 »

MÉCANISMES AUXILIAIRES AU PIED

ACCOUPLEMENTS

1. Tirasse du grand-orgue.
2. Tirasse du positif.
3. Tirasse du récit.
4. Jeux du grand-orgue à leur propre clavier.
5. Positif au grand-orgue.
6. Bombarde au grand-orgue.
7. Récit à l'unisson au grand-orgue.
8. Récit à l'octave grave au grand-orgue.
9. Positif au récit.
10. Bombarde au récit.
11. Octave grave du grand-orgue.
12. Octave grave du récit.
13. Octave aiguë du récit.

APPELS

14. Jeux d'anche de la pédale.
15. Jeux d'anche en chamade du grand-orgue. (*Forte*).
16. Jeux d'anche du clavier de bombarde.
17. Jeux d'anche du positif.
18. Jeux de combinaison du récit.

EFFETS ACCESSOIRES

19. Effet d'orage à la pédale.
20. Tremolo au récit.
21. Expression au récit.

Soit, en tout, soixante-quatre jeux et vingt et un mécanismes auxiliaires au pied.

Résumé du nombre de jeux et de tuyaux dans leur intonation respective.

CLAVIERS	32 P.	16 P.	8 P.	4 P.	2 2/3 P.	2 P.	PLEINS-JEUX	CORNETS	JEUX	TUYAUX
Pédale.......	2	4	4	2	»	»	»	»	12	360
Grand-orgue	»	3	6	2	»	»	»	»	11	616
Bombarde...	»	2	2	2	»	1	1/5	1/5	9	832
Positif......	»	1	6	3	»	1	1/5	»	12	884
Récit.......	»	3	10	3	1	1	1/3	1/5	20	1.222
Totaux..	2	13	28	12	1	3	3/13	2/10	64	3.914

L'examen de la liste et du tableau ci-dessus fait ressortir les particularités suivantes :

En premier lieu, en ce qui concerne l'espèce des jeux, on trouve dans la composition de l'orgue la proportionnalité que voici :

    Jeux de fond........   48   p. %
    Jeux d'anche........   33   »
    Jeux d'octave aiguë....   4 1/2   »
    Jeux de mutation......   10   »
    Jeux ondulants.......   4 1/2   »

En second lieu, quant à la situation des jeux dans l'échelle tonale :

    Jeux de 32 pieds......   3   p. %
    Jeux de 16 pieds......   20   »
    Jeux de 8 pieds......   43 1/2   »
    Jeux de 4 pieds......   19   »
    Jeux de 2 pieds......   4 1/2   »
    Jeux de mutation......   10   »

Ces relevés ne sont pas des superfluités de recherche oisive. Ce sont des éléments indispensables pour apprécier nettement si et jusqu'à quel point la composition de l'orgue répond à ce qu'exige l'acoustique de l'édifice.

A Saint-Ouen, près de la moitié (48 p. %) de l'effectif total consiste en jeux de fond, les plus propres par leur nature à bien faire « porter » l'orgue, par une plénitude de sonorité calme et compacte.

Viennent ensuite, dans la proportion d'un tiers, les jeux d'anche, qui précisent l'attaque et donnent de la vigueur et de la richesse.

En mettant à part la proportion de 4 1/2 p. %, afférente aux jeux ondulants qui, ne s'employant pas dans les tutti, ne concourent pas à l'effet d'ensemble, on trouve la proportion de 14 p. % seulement dévolue aux octaves suraiguës et aux autres harmoniques élevées dont, exagéré ou même aussi largement admis que dans bien des orgues, l'effet deviendrait ici plus nuisible qu'utile.

D'autre part, la tonalité de huit pieds, représentant l'effet réel de la note écrite, doit toujours dominer dans un orgue, et d'autant plus qu'on veut donner plus de consistance et de netteté à l'harmonie dont elle est la vraie caractéristique. Dans l'orgue de Saint-Ouen, nous la voyons représenter 43 p. %, c'est-à-dire faire équilibre à peu près exact aux tonalités réunies de 32, 16 et 4 pieds, dont l'ensemble, combiné avec elle, donne une assise fondamentale de 85 p. % à la masse sonore.

Les sons musicaux sont, en général, composés. Leur intonation propre est douée par la nature d'un cortège plus ou moins complexe d'harmoniques concomitantes élevées, dont le nombre, la position relative, la prédominance plus ou moins accusée, détermine leur timbre spécial. Par ses jeux d'octaves aiguës et de mutation, l'orgue reproduit artificiellement, avec une grande richesse, ce phénomène constitutif ; mais, de plus, avec la cloche, il jouit de la singulière faculté de doubler la note à l'octave grave ; faculté qui confère à ces deux instruments hiératiques leur grandiose majesté.

Dans l'orgue, c'est la tonalité de 8 pieds qui sonne l'intonation normale. C'est donc celle de 16 pieds qui engendre le doublement au grave. Aussi l'ampleur de l'harmonie est-elle en raison directe de la puissance du ton de 16 pieds. C'est là l'explication de ce mot du célèbre Töpfer : « Un orgue sans 16 pieds n'est point un orgue. »

A Saint-Ouen, la part faite à la tonalité de 16 pieds est très large, puisqu'elle atteint 20 p. %. Même dans les jeux de mutation on y retrouve cette tonalité, complètement pourvue de ses harmoniques propres, par l'existence d'un cornet de 16 pieds au clavier de bombarde. C'est, me paraît-il, régulier et avantageux. Dans la reproduction artificielle de timbres complexes, il faut imiter le procédé de la nature, qui crée les sons les plus richement musicaux au moyen de séries harmoniques sans lacune à partir de la note fondamentale.

Beaucoup d'orgues doivent l'effet aigre et incohérent de leur système de mutations à la faute qu'on commet en accumulant les harmoniques supérieures, sans faire apparaître en leur lieu et place les intermédiaires qui doivent les relier avec l'intonation dont elles dérivent.

Ces observations concernent les catégories de jeux et les altitudes de tonalité. L'examen par familles donne des résultats également satisfaisants.

La famille des principaux, ces « primates » de l'orgue, est renforcée au grand-orgue et au récit par deux diapasons ou principaux larges, traités dans le goût anglais, qui y ajoutent une valeur et une consistance particulière.

Les jeux bouchés, les meilleurs pour donner de la liaison et du velouté, et les flûtes qui produisent un effet analogue avec plus d'intensité et, lorsqu'elles sont harmoniques, avec une limpidité qui n'appartient qu'à elles, sont en bon nombre; les premiers du 32 au 8 pieds, les secondes, dans les tonalités, de 8 et de 4.

Les jeux de menue taille qui, au contraire, prêtent à l'ensemble des fonds l'arrêté du contour, la fraîcheur et le tranchant, forment sur les claviers à main une famille complète de 16, 8 et 4 pieds qui, outre cette influence précieuse sur le fond d'orgue, possède, employée séparément dans son ensemble, des effets d'une originalité pleine de charme et de distinction.

La famille des trompettes, qui est au grand-chœur ce que celle des principaux est aux fonds, est nombreuse, complète du 32 au 4 pieds, et considérablement rehaussée dans sa valeur par une trompette et un clairon harmoniques au grand-orgue et une trompette et un clairon harmoniques au récit.

Il est à propos de réfuter ici une erreur qu'on a cherché à accréditer touchant l'emploi des trompettes harmoniques dans les orgues de Cavaillé-Coll. « Dans » la famille des jeux d'anches, a-t-on écrit, les tuyaux » harmoniques donnent un son plus éclatant il est vrai, » mais trop semblable aux sons cuivrés de l'orchestre. » Rien de plus contraire à la vérité que cette assertion. Il est probable que son auteur n'avait pas même l'idée de la façon dont le doublement se produit dans les tuyaux à anche. Ce n'est pas par l'augmentation de la pression sous laquelle parle le tuyau, mais par la réduction de la longueur de la languette proportionnellement à celle du corps sonore. La conséquence en est qu'à mesure que le doublement passe à une harmonique plus élevée, l'ouverture formée sur l'anche par la languette et, avec elle, la quantité d'air introduite dans un temps donné à l'intérieur du tuyau diminuent constamment.

D'un autre côté, pour une même note et avec la même relation entre les diamètres supérieur et inférieur, si la masse d'air contenue augmente dans le tuyau de trompette harmonique, l'angle formé par l'inclinaison de la paroi sur l'axe y diminue beaucoup.

Or, dans le tuyau à anche :

L'intensité du son est en raison directe de la quantité

d'air introduite et du rapport des aires des sections terminales ;

La plénitude du son est en raison directe de la quantité d'air contenue et inverse de l'inclinaison de la paroi sur l'axe ;

L'éclat du son est en raison directe de l'inclinaison de la paroi sur l'axe ;

Le tout jusqu'à ce que cette inclinaison atteigne 22° 30', limite au-delà de laquelle le corps du tuyau cesse d'exercer une influence régulière sur la production du son.

De là viennent la beauté pleine de puissance harmonieuse, de rondeur et de moelleux que déploie le son des grands tuyaux de la famille des trompettes et, au contraire, la faiblesse relative, le peu de corps, le timbre grêle, trop souvent criard et toujours plus ou moins nazillard de celui des petits ; défauts qu'on cherchait à corriger par l'addition du prestant et du cornet dans le grand-jeu d'autrefois.

La masse d'air en vibration et la quantité proportionnelle d'air introduites sont beaucoup plus considérables dans les grands tuyaux. Dans l'ut de 8 pieds d'une trompette ordinaire de grand-orgue, le rapport des aires est de 91,9, et l'angle d'inclinaison de la paroi sur l'axe de 1° 23' seulement. Dans l'ut d'un demi-pied, le rapport des aires est de 81 et l'angle d'inclinaison de 18° 31'.

De là vient également que si, en employant une pression d'air invariable, on fait itérativement doubler un tuyau à anche, à chaque doublement le son gagne en rondeur mais perd en intensité et en éclat, qu'il prend une douceur se rapprochant de plus en plus du timbre des tuyaux à bouche et qu'il finit même par s'éteindre. Pour le faire reparaître et, dès avant cette extinction, pour lui conserver de l'intensité, on est obligé d'augmenter progressivement la pression (*).

Si donc certains jeux de trompette harmonique peuvent devenir trop perçants, cela ne tient nullement à leur qualité de jeux harmoniques, à ce qu'ils parlent par doublement, mais seulement à l'exagération de la pression sous laquelle on les nourrit. Sous cette pression exagérée, le défaut serait encore plus saillant avec des tuyaux non harmoniques. La plénitude, le corsé du son y manquant davantage, les sons concomitants élevés domineraient beaucoup plus et produiraient ce « cuivré » extrême que Davrainville mettait à dessein dans ses jeux de trompette mécaniques, destinés à simuler les sonneries de régiment.

Dom Bédos était bien dans la vérité quand il parlait des dessus harmoniques de clairon. « Il est d'usage, » dit-il (*IIe partie*, ch. 10, n° 1165) « de faire parler les
» dessus de clairon une octave plus haut que ne porte

(*) Tout ceci ne s'applique, bien entendu, qu'à des tuyaux soit ordinaires, soit harmoniques, parlant bien et coupés exactement en ton, à des doublements portés avec précision à leur véritable harmonie respective. Hors cela, ni qualités ni quantités ne sont comparables.

Relativement aux dimensions des tuyaux à anche battante, voir **A** de l'appendice à la fin de la brochure.

» la longueur des tuyaux, pour donner plus de corps
» à leur son. » Remarquez bien que cet auteur, si bon
observateur et si exact, ne dit pas : plus de force et
d'éclat.

Quoi qu'il en soit, je suis heureux de voir les trompettes harmoniques, un peu négligées depuis un certain temps et pour je ne sais quelle cause, reprendre leur place d'élite dans l'œuvre de Cavaillé-Coll.

Dans l'orgue de Saint-Ouen, deux jeux de cette espèce, la trompette et le clairon harmoniques du grand-orgue, sont posés en chamade sous la montre. Il est certain que cette disposition, qui leur fait lancer, sans entrave, toute leur puissance selon le grand axe du vaisseau, présente à ce point de vue un certain avantage dans de grandes orgues et de grandes églises. Mais il faudrait trouver moyen de tenir les jeux en chamade plus éloignés de l'organiste, pour lequel leur voisinage immédiat est gênant, parce qu'ils l'empêchent d'entendre le reste de l'orgue, et imaginer dans l'ordonnance des buffets quelque motif de décoration qui dissimule à l'œil leur aspect peu gracieux.

Le reste de la catégorie des jeux d'anches présente, dans sa grande variété, un spécimen de chacun de ceux en usage dans la facture moderne, basson, cor anglais, hautbois, cromorne, clarinette et voix humaine. Non seulement on y trouve les ressources de détail les plus variées, mais, de plus, l'ensemble en forme une masse importante, douée d'une sonorité *sui generis*, à la fois creuse et doucement mordante, qui constitue un appoint intermédiaire excellent et une liaison très utile entre la suavité plus pleine des fonds et l'éclat des jeux de grand-chœur.

Un des types les plus précieux de l'anche douce est sans contredit le basson de 16 pieds de pédale, qui, sous quantité de mélanges de jeux à la main, donne du nerf aux basses profondes, sans en absorber le caractère comme le fait la prédominance de la bombarde. Il est certainement à regretter qu'on ne le place pas plus souvent dans les orgues.

Le cromorne est un ancien jeu qui disparait trop aujourd'hui, car l'effet en est original et en même temps religieux. Il a été créé, dans le principe, pour imiter un instrument de bois du même nom, à anche double de roseau et à perce cylindrique étroite, fort en honneur chez nous du XVe jusqu'au milieu du XVIIIe siècle, précurseur de la clarinette et formant une famille entière de quatre types, basse, ténor, alto et soprano, dont un magnifique exemplaire existe au musée instrumental du Conservatoire de musique de Bruxelles. Le timbre de cet instrument tient le milieu entre celui du basson et celui de la clarinette, moins plein et moins pathétique que ce dernier, mais s'en rapprochant néanmoins par une résonnance de douzième très prononcée ; caractère qu'on tentait jadis d'exprimer, en disant que le cromorne « cruche. » Son nom, tiré de l'allemand Krumm Horn, cor courbe, lui venait de sa forme qui était effectivement contournée en manière de crosse et lui fit aussi donner en France la dénomination pittoresque de tournebout.

Pour les raisons que j'ai indiquées plus haut, la catégorie des jeux de mutation est sobrement représentée à Saint-Ouen. J'ai déjà dit un mot du cornet de 16 pieds. Celui de 8, le plein-jeu du positif et la fourniture n'ont rien de particulier. Seul le carillon mérite une mention spéciale. En solo, s'il est traité comme l'exige sa nature, c'est-à-dire touché *sempre staccatissimo*, il peut fournir de jolis effets imitatifs. En tant que mutation, il présente une certaine utilité dans le tutti, auquel son acuité donne du brillant, à cause de la rangée au ton d'un pied, sans reprise, qui entre dans sa composition. Par là il est l'analogue du scharf allemand. C'est un de ces jeux dont l'organiste doit craindre d'abuser.

Viennent enfin les jeux ondulants, peut-être un peu largement représentés à Saint-Ouen. La voix céleste, type principal de ces jeux, réglée à battements assez rapides sur une bonne gambe qui lui est indispensable et employée avec modération et discernement, doit à sa finesse et à son vibrato pénétrant, animé et épuré par la boîte expressive, des effets charmants qui l'ont pour ainsi dire rendue classique dans l'œuvre des compositeurs actuels. Malheureusement on en fait souvent un déplorable abus. L'organiste ignare et sans goût, qui croit trouver dans l'étrangeté de la teinte un voile à la pauvreté de son exécution, la prodigue à tout venant, l'unit sur un même clavier aux jeux les plus incompatibles avec elle, et arrive ainsi non seulement à une titillation perpétuelle du nerf auditif fatigante jusqu'à l'écœurement, mais encore à des grincements qui loin d'être célestes méritent l'épithète d'infernaux. Ces malheureux organistes sont, au surplus, induits en tentation par la composition de bien des instruments. Par ses propriétés, la voix céleste appartient essentiellement à la partie concertante de l'orgue, et cependant une mode engendrée par le sens musical le plus faux la fait placer partout, jusque dans de très petits instruments, destinés avant tout et presque exclusivement à l'accompagnement du chant liturgique, qui n'ont ni gambe ni boîte expressive et où le moindre jeu de fond serait tout autrement précieux.

Dans les grandes orgues, afin surtout d'assurer un accompagnement ondulant indépendant à divers jeux du récit, on place fréquemment sur un autre clavier un congénère de la voix céleste, l'unda maris, qui, plus calme et moins incisif, peut être réglé sur un autre jeu que la gambe, sur le salicional par exemple ou même sur un jeu de moyenne taille, et se passe aussi mieux du secours de l'expression.

A Saint-Ouen, on rencontre encore un troisième jeu ondulant, la voix éolienne, destiné à produire l'ondulation avec la flûte harmonique. Il consiste en une rangée de tuyaux bouchés accordés à battements, et l'effet m'en a paru médiocrement satisfaisant, parce qu'il est un peu lourd. Ce que j'ai vu de mieux comme jeu ondulant destiné à agir sur une flûte ou un bourdon, c'est le suavial de la Suisse allemande, formé de tuyaux ouverts, de taille à peu près identique à celle du salicional, mais dont le pied n'admet absolument qu'un filet d'air, de façon que le son propre en est extrêmement faible et se perd pour ainsi dire dans celui du jeu auquel on l'associe. La différence d'accord est en même temps très légère, au point que l'ondulation est à peine perceptible comme battement et ne fait qu'imprimer au timbre de la flûte et surtout du bourdon comme une teinte cristalline un peu vague, réellement suave et empreinte de recueillement. Vogt aimait assez ce jeu et s'en servait habilement.

Un trait fort saillant et fort important dans l'instrument de Saint-Ouen, est la composition remarquablement large et riche du récit expressif. Ce clavier y possède en réalité un orgue complet de vingt jeux, ayant ses 16 pieds à bouche et à anche, un effectif de fonds bien nourri, un puissant grand-chœur, un système entier de mutations et, en même temps, une très grande variété de détail. Il est l'égal de celui de Saint-Sulpice et dépasse celui de Notre-Dame.

A l'encontre de beaucoup de facteurs allemands, qui ne placent dans la boîte expressive que les jeux les plus doux, Cavaillé-Coll, avec raison, y a toujours placé des jeux puissants et éclatants. Dans la boîte expressive, les jeux doux ne gagnent guère en suavité et ne peuvent fournir qu'une variation d'intensité très limitée. Les jeux puissants, tranchants et éclatants, au contraire, en même temps qu'ils trouvent au besoin dans l'amortissement tout le correctif que réclame le goût de l'organiste, se prêtent aux contrastes les plus saillants comme aux nuances les mieux graduées et font varier l'intensité dans de si larges limites, que cette variation reste très sensible à travers toute la masse sonore du reste de l'instrument; ressource précieuse pour assouplir et animer l'effet général.

Comme on l'a déjà fait remarquer, les jeux au nombre de vingt appartenant à proprement parler au grand-orgue ont été partagés entre deux claviers, dont l'un, retenant la dénomination de grand-orgue, ne porte que les jeux de fond et deux jeux d'anche en chamade, et l'autre, celui de bombarde, a les mutations et les jeux ordinaires de grand-chœur. Ce n'est donc à peu près là que la division ordinaire aux claviers de Cavaillé-Coll; jeux de fond d'une part, jeux de combinaison de l'autre, placés sur deux laies différentes. Toutefois, l'attribution d'un clavier spécial à chacune des deux laies en rend l'emploi plus indépendant, ce qui devient avantageux dans diverses circonstances. Ainsi, par exemple, comme le clavier de bombarde peut s'accoupler sur le récit, il est loisible de réserver les fonds sans mélange sur le grand-orgue, tout en tenant prêt sur le récit un grand-chœur très puissant, déjà suffisamment pourvu de fond à cause de la grande quantité de jeux à bouche de ce dernier clavier et, de plus, très souple d'effet, parce que la faculté expressive se fait jour, d'une façon très marquée, à travers les neuf jeux du clavier de bombarde. D'un autre côté, en accouplant le clavier de bombarde sur celui du grand-orgue, l'emploi de sa pédale d'appel fournit à volonté et d'un seul mouvement, soit un grand-chœur, soit un chœur de fond et de mutations sans jeux d'anches, facilité qu'on ne retrouve pas quand les deux laies sont gouvernées par un seul clavier, parce qu'alors la pédale de combinaison fait entrer ou sortir à la fois et les jeux d'anche et les jeux de mutation.

Enfin, pour ménager à l'organiste certaines facilités d'accompagnement sur le clavier de bombarde lui-même, on y a placé deux jeux de fond : une flûte de 8 et une de 4 pieds.

La disposition que je viens d'expliquer était la seule que permît sainement l'exiguïté de l'emplacement, qu'on eût encombré d'une façon très préjudiciable en tentant de faire autre chose. On s'est du moins appliqué à en tirer tout le parti possible.

Ces exigences d'emplacement ont aussi obligé à mettre au grand-orgue la trompette et le clairon en chamade, dont la place était plutôt sur le clavier de bombarde. L'inconvénient a été diminué par l'addition d'une pédale d'appel et de retrait spéciale à ces deux jeux.

La composition du grand-orgue se distingue, au surplus, par la forte proportion de grands jeux qui y entre. Au lieu de ce qu'on voit habituellement, deux 16, quatre

8 et deux 4 pieds, on y trouve trois 16, cinq 8 et seulement un 4 pieds, se répartissant entre les quatre familles classiques : principaux, flûtes, jeux bouchés et jeux de menue taille.

L'exiguité du buffet du positif n'a pas permis d'y composer, proportion gardée, aussi richement la partie des fonds. On ne pouvait y loger un 16 pieds à bouche. On a cherché à y suppléer par un 16 pieds à anche doux, le cor anglais, si bien que le positif forme cependant un petit orgue complet, ayant ses fonds, son plein jeu et un petit grand-jeu de 16, 8 et 4 pieds, avec un détail assez varié et bien combiné en vue du rôle accompagnateur souvent dévolu à ce clavier. Ainsi, par exemple, les deux 4 pieds à bouche y sont des jeux doux.

La pédale est largement composée. Sur ses douze jeux il y a un 32 pieds à bouche et un autre à anche, deux 16 pieds à bouche et deux à anche, soit 50 p. % de jeux très graves. Les deux quatre pieds sont excellents pour donner de la clarté. Même, généralement parlant, une fois le substratum absolument nécessaire des grands jeux bien et solidement assis, on ne pourrait, je crois, que gagner à une proportion plus forte de jeux élevés à la pédale, telle qu'on la rencontre dans plusieurs des meilleures orgues anciennes d'Allemagne et des Pays-Bas. La profondeur et la majesté de la partie de pédale n'en sont nullement altérées, les résonnances aiguës se fondent à un degré extraordinaire dans sa gravité, elles l'éclairent seulement et prêtent une netteté surprenante au dessin de la basse, tout en reliant celle-ci au reste de l'harmonie et en l'empêchant de faire pour ainsi dire bande à part; défaut qu'on remarque dans bien des instruments.

Parmi les vingt et un mécanismes auxiliaires qui servent à varier et à augmenter les ressources fournies par les claviers, il faut remarquer la pédale n° 4 de la liste, qui sert à décharger le clavier du grand orgue de ses propres jeux, pour en faire un clavier neutre, sur lequel puissent se réunir, tout en restant par ailleurs indépendants entre eux, les effets propres à tous les autres. On peut encore mentionner les pédales n°s 12 et 13 qui, à l'unisson, ajoutent à volonté l'octave grave et l'octave aiguë au clavier de récit et en triplent ainsi l'influence expressive sur le tutti de l'orgue, et celles n°s 7 et 8 qui permettent, tout en laissant le récit simplement à l'unisson sur son clavier spécial, de l'accoupler doublement, à l'unisson et à l'octave grave, sur celui du grand-orgue.

Des « poseurs pour l'antique » affectent d'attaquer ces recherches mécaniques comme superflues et embarrassantes.

Voyez M. Widor, à ses claviers de Saint-Sulpice, dans sa magnifique immobilité de corps, s'en servir incessamment, sans même avoir l'air d'y penser, avec autant d'aisance que s'il s'agissait de mettre un doigt sur une touche et leur demander quantité de ces effets si châtiés d'instrumentation magistrale qui caractérisent sa manière.

Le bon organiste peut donc en tirer un grand parti. Celui auquel manque l'habileté n'a qu'à ne pas les employer et à toucher comme sur un orgue d'ancienne facture.

LA SOUFFLERIE

La soufflerie est très considérable. Outre les grands réservoirs alimentaires remplis par quatre paires de pompes sous deux pressions initiales de 90 et 130 millimètres de colonne d'eau, elle ne comprend pas moins de seize réservoirs régulateurs distribués dans tout l'orgue, à proximité immédiate des sommiers qu'ils desservent, pour graduer les pressions ainsi qu'il est nécessaire et garantir la parfaite stabilité du vent dans toutes les parties de l'instrument. Ils se règlent automatiquement.

Les réservoirs contiennent ensemble trente mètres cubes, soit 30,000 litres d'air comprimé. Ils peuvent être entièrement remplis en une minute de temps. Les quatre paires de pompes, mises en jeu par quatre souffleurs, fournissent donc 500 litres d'air par seconde.

On a parfois reproché à la facture contemporaine d'employer un trop grand nombre de souffleurs.

Voyons ce qui en est :

Commençons par dire ceci : même construit dans les données de la facture ancienne et sans causes accessoires de dépense d'air, un orgue tel que celui de Saint-Ouen, avec soixante-quatre jeux, dont 23 p. % de

32 et de 16 pieds, exigerait toujours une puissante soufflerie. Dans le nouvel orgue, il y a de plus la dépense d'air de trois appareils de levier pneumatique et d'un tirage tubulaire assez développé pour l'alimentation des gros tuyaux postés et, enfin, il faut tenir compte de l'énorme augmentation de consommation qu'occasionne l'emploi des nombreux accouplements d'octave.

Disons ensuite que, quand il s'agit de la mise en jeu d'une soufflerie, il faut tout autant tenir compte de la pression que de la quantité d'air à fournir. L'introduction dans un réservoir de mille litres d'air sous pression de 120 millimètres de colonne d'eau exige précisément deux fois autant de force que l'introduction de mille litres sous pression de 60 millimètres.

Enfin, plus forte est la pression, plus aussi augmente la dépense, car, par exemple, de 60 à 120 millimètres de pression, la vitesse normale d'écoulement de l'air varie d'environ 30 à environ 42 mètres par seconde.

C'est en négligeant ces différents facteurs des quantités de travail, qu'on arrive à des comparaisons absolument irrationnelles entre la mise en jeu des souffleries de l'orgue ancien et de l'orgue moderne.

En voici un exemple qui fera parfaitement comprendre ce que je veux dire.

Dans son ouvrage beaucoup plus fantaisiste que scientifique pour tout ce qui a trait à la partie technique : *Connaissance pratique de la facture des grandes orgues*, le P. Girod cite comme un modèle la soufflerie primitive de l'orgue de Saint-Nicolas de Fribourg en Suisse, « alimentée, dit-il, sans peine, par un seul homme, » alors même, ajoute-t-il, que le grand organiste Vogt » *appuyait* sur les 16 et 32 pieds. »

Notons bien d'abord que, comme il a été mille fois répété par les connaisseurs et officiellement constaté quand il s'est agi de restaurer l'instrument en 1872, « la soufflerie était la partie la plus défectueuse de » l'orgue de Fribourg ; le vent qu'elle produisait était » trop faible et ne suffisait pas pour tous les jeux de » l'instrument. » (*Étude sur le grand orgue de Saint-Nicolas de Fribourg*, par l'abbé Reinhard de Liechty, p. 7).

Voyons ensuite ce qu'était l'orgue de Fribourg, tel qu'il avait été fait par Aloyse Mooser. Le P. Girod lui attribue soixante-quatre jeux. Il avait soixante-quatre registres, mais trois de ces registres faisaient agir l'accouplement de la pédale au grand-orgue et deux tremblants. Il n'avait donc, en réalité, que soixante et un jeux. De plus, le clavier d'écho, qui portait huit jeux, ne pouvait pas s'accoupler aux autres. On ne pouvait donc jouer à la fois que cinquante-trois jeux. Sur ces cinquante-trois jeux, il n'y avait qu'un jeu de 32 pieds bouché et six de 16 pieds, soit à peu près 13 p. % de grands jeux. Il n'y avait aucun accouplement d'octave et la tirasse de la pédale n'agissait que sur le grand-orgue seul, parce que, comme dans la plupart des anciennes orgues de Suisse, elle prenait directement sur l'abrégé, sans faire baisser la touche, et qu'entre les claviers à mains il n'y avait qu'un accouplement à talon, c'est-à-dire par les touches elles-mêmes.

La pression de l'air, uniforme dans tout l'orgue, atteignait à peine 85 millimètres de colonne d'eau.

Sur ces données, sans entrer dans un détail minutieux qui ne saurait trouver place ici et en négligeant même l'élément de la proportion respective des grands jeux dans les deux orgues, (13 p. % à Fribourg, 23 p. % à Saint-Ouen), qui pourtant influe beaucoup sur la dépense d'air, établissons une comparaison approximative.

NOMBRE DE JEUX (*)

FRIBOURG		SAINT-OUEN	
Jeux effectifs.	53	Jeux effectifs.	61
		(Les trois jeux ondulants hors tutti).	
Jeux accouplés sur la pédale.	14	Jeux accouplés sur la pédale.	47
		(Les trois jeux ondulants et deux cornets qui n'ont pas de basse éliminés).	
Jeux par accouplement d'octave	0	Jeux par accouplement d'octave	49
		(Les trois jeux ondulants hors tutti).	
Machines pneumatiques comptées chacune pour un jeu.	0	Machines pneumatiques comptées chacune pour un jeu.	3
TOTAL.	67	TOTAL.	160

(*) Dans le calcul, les jeux des claviers à main accouplés sur la pédale comptent comme jeux de pédale et chaque jeu de pédale est censé l'équivalent d'un jeu des claviers à main. Cette hypothèse est parfaitement admissible puisque, d'après les tables de Töpfer, la dépense d'air du seul tuyau ut^4 d'un jeu est à peu près égale à celle de l'accord de six notes sol^2 ut^3 mi^3 sol^3 ut^4 mi^4, pris dans la partie du clavier où se concentre le plus habituellement le jeu des deux mains.

PRESSION EN MILLIMÈTRES DE COLONNE D'EAU

FRIBOURG	SAINT-OUEN
Pression uniforme...... 85	Moyenne.... $\dfrac{90+130}{2}=110$

COEFFICIENT DE VITESSE D'ÉCOULEMENT

FRIBOURG	SAINT-OUEN
357	405

Le calcul établi au moyen de ces trois facteurs montre que la force motrice exigée par la dépense d'air dans l'orgue de Saint-Nicolas ne s'élevait qu'à 28 1/2 p. % de celle qu'il faut dans l'orgue de Saint-Ouen.

Nous voici déjà bien près de la nécessité d'une force motrice quadruple pour ce dernier.

Si maintenant on considère :

Que, d'une part, aucun des jeux à bouche de Fribourg n'étant à entaille, ils ne pouvaient, en général, être aussi fortement embouchés que ceux de Saint-Ouen et que malgré cela, le rapport de 1872 constate que « le » vent ne suffisait pas pour tous les jeux de l'instru- » ment; »

Que, d'autre part et surtout, dans l'orgue de St-Ouen, la proportion quantitative des grands jeux qui absorbent de beaucoup le plus d'air est bien plus forte (23 : 13), élément qui a été négligé afin d'abréger le calcul ;

On peut se tenir pour parfaitement assuré que la force motrice employée à Saint-Nicolas n'était pas le quart de celle nécessaire pour alimenter suffisamment l'orgue de Saint-Ouen, et que, par conséquent, s'il fallait un souffleur à Fribourg, il en faut au moins quatre à Rouen.

Voilà comme se font les légendes.

Mais l'alimentation de l'orgue de Saint-Ouen est-elle suffisante ?

Voici deux expériences qui l'ont prouvé pleinement :

Premièrement, la soufflerie étant en action, tous les jeux étant ouverts et absolument tous les accouplements appliqués à la fois, un accord de deux notes graves à la pédale et de dix prises de façon à faire baisser le plus de touches possible dans les régions grave et médiane des quatre claviers à main, a été soutenu, sans altération, pendant deux minutes. Or, jamais pareille dépense d'air ne dure aussi longtemps dans l'exécution.

Ensuite, et cette seconde expérience est encore plus redoutable pour une soufflerie, celle de Saint-Ouen étant entièrement vide, le même grand accord a été frappé et soutenu. La soufflerie a commencé alors à agir, elle a pu presque immédiatement l'alimenter avec justesse et se remplir ensuite, pendant qu'on continuait à le faire entendre.

Autre question : le procédé employé par Cavaillé-Coll pour l'application de la force de l'homme à la mise en jeu de la soufflerie est-il le plus avantageux ?

Tout l'indique. L'expérience générale prouve que lorsque l'homme peut vaincre une résistance par son propre poids, c'est là le mode de travail qui le fatigue le moins. Le système de bascules accouplées dont se sert Cavaillé-Coll permet aux souffleurs d'y recourir avec une grande aisance, et ce qui est déjà une certaine économie de force, sans changer aucunement de place. Debout sur les bascules et se retenant des deux mains aux tringles verticales qui les relient, l'homme travaille en portant alternativement sur chacune d'elle tout le poids de son corps. La résistance se trouve ainsi constamment partagée entre le pied et le bras du même côté, disposition excellente pour répartir l'effort entre un grand nombre de muscles, tout en faisant principalement travailler les jambes, qui sont les membres les plus forts, en laissant toute liberté aux organes de la respiration et en évitant la flexion des reins.

Le détail de construction de l'appareil est, au surplus, bien combiné pour obtenir la plus grande somme possible d'effet utile. La direction des forces est prise avec exactitude, l'amplitude de course sous le pied du souffleur n'est pas exagérée et on s'est appliqué à diminuer les frottements. Ainsi, par exemple, l'articulation des tringles verticales n'est plus à boulons, mais à « pointes de diamant, » disposition qui, d'ailleurs, évite l'encrassement tout en n'exigeant aucun graissage.

Le P. Girod voudrait qu'on fît agir « une grande soufflerie avec une petite force. » S'il entend par là au moyen d'une puissance inférieure à la résistance, il cherche tout droit le mouvement perpétuel et il faut lui abandonner ce système créateur. Si, s'expliquant mal, il veut dire qu'il faut faire agir la soufflerie en perdant le moins de force possible, je crois que M. Cavaillé-Coll a bien résolu le problème, longtemps avant la construction de l'orgue de Saint-Ouen.

Le fond de la question est au surplus d'une simplicité élémentaire. Il y a beau jour qu'on n'en est plus à l'empirisme de la vieille facture et au fameux *secret* que la légende accrochait partout. La quantité d'air à fournir, la pression à employer et le rendement de l'appareil en effet utile étant connus, tout se réduit à une évaluation en kilogrammètres qui ne présente aucune difficulté. Là où la sagacité et l'habileté du facteur peuvent se donner carrière, c'est dans la recherche du maximum d'effet utile, au moyen de la simplicité, de la correction et du fini du mécanisme, quel que soit le genre de force motrice dont il dispose. L'emploi de la force de l'homme est effectivement si peu exclusif dans la soufflerie contemporaine que le choix du moteur n'est plus dicté, peut-on dire, que par des considérations locales « de commodo et incommodo. »

Depuis une quinzaine d'années déjà, l'application à l'orgue du moteur hydraulique a été non seulement faite avec succès, mais décrite, et avait acquis un degré très satisfaisant de perfection. Que dire donc d'auteurs contemporains qui, tout en parlant doctoralement facture d'orgues, accusent le moteur mécanique « d'agir toujours machinalement, avec une régularité brutale, » et prétendent qu' « inintelligent il ne cesse de fournir la même abondance de vent, soit dans l'emploi des grands jeux, soit dans celui des jeux doux. » Ils ignorent évidemment comment le magnifique moteur à eau sous pression se règle automatiquement dans bien des applications industrielles, comment, dans l'orgue en particulier, il le fait avec une telle précision qu'il ne dépense pas une goutte d'eau, n'introduit pas un centimètre cube d'air de plus que n'exige à chaque instant le jeu le plus capricieux de l'organiste. Leurs idées à cet égard ont pu se modifier, s'ils ont vu le moteur minuscule, véritable bijou sous verre, qui soufflait l'orgue mis par M. Cavaillé-Coll à l'Exposition de 1889.

Le moteur à eau sous pression présente au surplus ce grand avantage qu'il n'exige aucune surveillance, aucune intervention de main d'homme autre que l'ouverture d'un robinet pour le mettre en marche. Malheureusement on n'a pas partout d'eau sous pression, surtout à la hauteur où sont situées bien des souffleries dans les églises.

Indubitablement appelée à se trouver bientôt autant et plus à la portée de tous que l'eau et le gaz, la force électrique pourra utilement venir à la rescousse. Je crois n'être pas indiscret en disant d'ores et déjà qu'une intéressante application à la soufflerie de l'orgue va en être faite par M. Cavaillé-Coll, dans une grande maison d'Épernay, où l'électricité abonde à l'égal du vin de Champagne, du goût artistique et de l'amabilité.

La soufflerie de Saint-Ouen possède d'ailleurs de remarquables qualités. Construite en matériaux de premier choix et avec tous les soins qui peuvent en assurer la durée; peinture solide sur les bois et les fers, vernis souple sur tous les cuirs, elle agit sans bruit, avec une égalité parfaite à tous les degrés de développement des réservoirs, dont les tables conservent constamment un bon parallélisme. Dans cet ensemble considérable de bois et de peau, pas une ride, pas un craquement n'accusent une coupe mal réussie, un ajustage trop bridé. La soufflerie est remarquablement étanche, car j'y ai encore trouvé du vent quatorze minutes après que les pompes qui l'avaient remplie avaient cessé d'agir. Par luxe de précaution on a enfermé les réservoirs alimentaires dans des cages vitrées. C'est excellent contre la poussière, mais il faudra surveiller l'invasion de l'humidité et donner de l'air si elle venait à se manifester.

A ce qui concerne la soufflerie on peut encore rattacher les trois antisecousses placés à proximité des trois appareils de leviers pneumatiques et la conduite de vent, dont les nombreuses ramifications sont établies avec intelligence par la voie la plus directe, en évitant les coudes à angle droit, solidement soutenues, bien garnies à toutes les jointures et, de même que les réservoirs, exemptes de toute fuite d'air appréciable.

LES SOMMIERS

Les sommiers sont construits en chêne de choix magnifique. Les termes du marché permettaient à M. Cavaillé-Coll de se servir des anciens, mais pour obtenir une disposition plus satisfaisante et surtout pour pouvoir absolument répondre de tout ce qu'il livrerait, dans cette partie de l'orgue principalement, où le moindre défaut est un défaut capital, il a préféré tout renouveler. Au grand-orgue, au récit et à la pédale les sommiers sont divisés en plusieurs parties, tant pour ne pas affaiblir la construction par des dimensions trop grandes d'une seule venue, que pour mieux faciliter l'accès de toute part.

Des sommiers appartenant aux claviers à main celui du récit seul est à double laie, l'espace n'ayant pas permis une autre disposition, mais, sur tous, les jeux sont répartis entre un nombre suffisant de gravures et de soupapes pour que, même dans les circonstances les plus défavorables, tous les tuyaux soient largement alimentés. Aussi sur chaque note de chaque clavier, peut-on ajouter successivement tous les jeux les uns aux autres, sans qu'il soit possible de saisir le moindre fléchissement dans l'accord ou dans le timbre des sons.

Le dessous des sommiers est muni de ventres élastiques à ressorts, pour annihiler jusqu'au dernier vestige de l'effet nuisible que les variations de la dépense d'air pourraient avoir sur la stabilité des sons, et les dimensions intérieures des laies et des porte-vent qui les nourrissent sont amplement suffisantes pour assurer la libre circulation de l'air. Aussi peut-on jouer, à dessein, de la façon la plus démesurément désordonnée, ou bien encore tenir une seule note dans une partie quelconque du clavier et frapper contre elle, dans les autres parties, de grands accords longtemps répétés sur un rhythme constant, sans arriver à produire aucune altération, aucune fluctuation ni le moindre « houppement. »

Les laies, leurs soupapes et les registres sont bien étanches. S'il en était autrement la soufflerie ne tiendrait pas le vent aussi longtemps qu'elle le fait et, d'un autre côté, on peut, soit ouvrir tous les registres en ne touchant pas les claviers, soit fermer les registres et abaisser à la fois *toutes les touches de chaque clavier*, sans percevoir aucune trace de son.

Essayés note par note et en tierces, les jeux les plus sensibles ne décèlent ni emprunts ni soufflures.

Soupapes, ressorts et boursettes sont solides, libres, suffisamment accessibles et, comme tout le reste, confectionnés avec netteté et élégance.

LES TIRAGES

Le peu d'espace dont pouvait disposer le facteur créait bien des difficultés pour la bonne disposition du mécanisme. On les a surmontées avec assez d'intelligence pour que tout se trouve coordonné avec simplicité et clarté et, chose d'une grande importance dans l'orgue, facilement accessible. Chose non moins importante, le facteur n'a reculé devant aucun surcroît de main-d'œuvre pour que chaque organe puisse, au besoin, s'enlever de sa place sans rien déranger de ce qui l'avoisine.

Sauf pour les parties qui réclament spécialement l'emploi du bois, les vergettes d'abrégé par exemple qui ne sont bonnes qu'en sapin de choix, le métal y a été largement substitué. La construction métallique économise l'espace, arrive fréquemment à plus de légèreté, donne plus de précision au mouvement, parce qu'elle supprime le déjettement et une grande partie de la perte par torsion. Les précautions nécessaires ont été prises pour en assurer la bonne conservation ; les fers et les cuivres sont solidement peints, étamés ou nickelés. Le pas des vis de réglage est profond et net, les écrous, en bon cuir de buffle et non en gutta-percha comme ceux de certains facteurs, tiennent solidement sans tourner avec trop de difficulté. Les rouleaux et les équerres ne ballottent pas et les tourillons bien centrés roulent dans de bonnes garnitures. En un mot, tout le tirage est traité avec un soin et une habileté dont témoignent et la fraîcheur élégante de son aspect et surtout la précision, la douceur et la vivacité du fonctionnement, assurées par la bonne entente de la direction des forces, un ajustage et un réglage méticuleux.

Aux appareils de levier pneumatique qui desservent

le grand-orgue et le récit, Cavaillé-Coll en a ajouté un troisième pour la pédale, fort utile pour assurer, tout à la fois, la possibilité de la très large alimentation qui seule donne leur pleine valeur aux grands jeux et, au clavier de pédale, une douceur et une prestesse égales à celles des claviers à main. Ces trois appareils sont sous verre.

Un certain nombre de gros tuyaux postés des divers claviers sont nourris au moyen d'appareils de traction tubulaire, ce qui permet de leur donner assez de vent sans en dérober aux gravures. C'est là, je crois, l'application la plus rationnelle de la traction tubulaire. La fonction des grands tuyaux de basse n'exige pas une attaque aussi subtile, une tenue aussi délicatement limitée que celles des tuyaux destinés à être joués avec brillant et volubilité, et je dois dire qu'en ce qui concerne l'effet de ces derniers, surtout pour le détaché et la répétition des notes, jamais les orgues entièrement desservies par la traction tubulaire ne m'ont paru donner de résultats aussi satisfaisants que ceux obtenus au moyen du levier pneumatique ordinaire. Même dans les instruments à traction tubulaire les plus habilement traités, j'ai toujours trouvé un peu d'empâtement.

Dans certains cas, où la traction à vergettes ne pourrait s'établir que dans des conditions absolument défavorables et qui entraîneraient des résultats encore inférieurs, la traction tubulaire peut rendre d'utiles services, mais, hors cela, la réclame en retire, je crois, plus de profit que la facture.

Nous vivons incontestablement dans un temps d'active évolution en ce qui touche toutes les industries, la facture d'orgues comme les autres. Mais, là principalement où l'industrie se trouve en contact intime avec l'art, il faut se garder d'enthousiasmes inconsidérés, tout autant que d'une naïve acceptation du charlatanisme. Voyez ce qui se passe touchant l'application à l'orgue de l'électricité.

Déjà depuis Barker, l'électricité a fait son apparition dans la facture d'orgues, et il est hors de doute qu'elle y prendra sérieusement pied, comme dans tant d'autres industries. M. Cavaillé-Coll ne la répudie en aucune façon. Au contraire, on l'étudie dans ses ateliers, sous la direction plus spéciale de son second fils, habile électricien. Mais il ne lui a pas jusqu'ici donné droit de bourgeoisie dans son œuvre, parce qu'il ne l'estime pas encore assez parfaitement asservie pour fournir l'impeccable fidélité d'effets seule compatible, selon lui, avec l'esprit de la véritable grande facture. Entre les mains de certains de ses collègues, elle a déjà donné d'intéressants résultats, auxquels il faut applaudir, à la condition absolue néanmoins qu'ils ne soient appliqués qu'à des choses rationnelles et saines au point de vue de l'art.

Mais que penser des bourdes qu'on veut faire gober au public, en lui présentant, par exemple, comme une merveille, deux orgues distantes entre elles de soixante-quinze mètres et jouées simultanément au moyen des mêmes claviers? Jusqu'ici on pensait assez généralement que l'orgue servait à faire de la musique et non de la télégraphie.

Pour l'électricien, c'est un jeu de faire attaquer simultanément les notes par deux tuyaux, fussent-ils même séparés par une distance cent fois plus considérable. Mais, au point de vue de l'art, comme musique, quel est le résultat?

En moyenne, le son a besoin d'une seconde pour franchir 340 mètres dans l'air atmosphérique. Soixante-quinze mètres font $\frac{22}{100}$ soit à peu près le quart de ce parcours. Donc, de nécessité mathématique inéluctable, aussi vrai que deux et deux font quatre, si les deux instruments jouent ensemble, l'auditeur placé au pied de l'un entendra chaque note de l'autre commencer et finir avec un retard de $\frac{22}{100}$ de seconde sur la note émise auprès de lui. Ce retard équivaut à la valeur d'une croche dans un mouvement modéré, la noire à 138 du métronome. Situation enviable, en vérité, que celle de l'auditeur placé près de l'un des instruments, et qui sera l'organiste lui-même, si ses claviers y attiennent! Figurez-vous la tête d'un chef d'orchestre dont les flûtes, les clarinettes, les bassons et les cuivres, s'obstineraient à jouer d'une croche en retard sur les instruments à cordes.

De là à faire comme un enthousiaste de ma connaissance, qui rédigeait un projet d'accord entre les paroisses de la ville, pour qu'un seul organiste les desservit simultanément en touchant à domicile, en vérité, il n'y a qu'un pas. Encore, si pareille entente était possible, le résultat en serait-il, musicalement parlant, moins déplorable pour chaque église, que celui de deux orgues jouant ensemble à soixante-quinze mètres de distance dans le même vaisseau.

L'auditeur placé sur la ligne médiane entre les deux orgues peut seul entendre correctement. Le charivari est à son comble aux deux extrémités (*) et va decrescendo jusqu'au milieu. Mais, comme il y a toujours deux extrémités et un seul milieu, deux tiers de l'auditoire doivent forcément entendre mal plus que bien. Pas plus, du reste, que la traction tubulaire, la traction électrique n'ajoute absolument rien aux qualités de sonorité de l'instrument.

(*) Effet voulu :

(J. S. Bach.)

Délicieux effet perçu près des deux orgues :

On a imprimé que « *le résultat était réellement très satisfaisant* » et..... il s'est trouvé beaucoup de bonnes gens pour le croire.

LA CHAMBRE EXPRESSIVE

La chambre expressive mérite une mention particulière. Elle contient les vingt jeux du récit assez à l'aise pour que leur sonorité s'y engendre sans entrave, et pour qu'on puisse commodément accéder partout à leurs tuyaux. La paroi mobile est très développée, car elle ne présente pas moins de trente-six mètres carrés de superficie. Les lames épaisses de jalousie qui la composent fonctionnent néanmoins avec beaucoup d'ensemble et de douceur, sans soubresauts et sans bruit quand elles se ferment, ce qu'elles font très exactement, comme en témoigne l'action extrêmement prononcée de l'appareil sur les sons. L'amplitude du decrescendo est en effet des plus considérables ; partant d'une puissance et d'une vigueur au fortissimo qui ne feraient pas supposer qu'on entend des jeux contenus dans une chambre expressive, pour arriver, au pianissimo, à toute l'atténuation d'un véritable écho lointain.

LES TUYAUX

Comme on l'a déjà vu, l'orgue de Saint-Ouen possède près de quatre mille tuyaux, représentant, sous un grand nombre de timbres divers, tous les degrés chromatiques de l'échelle tonale, depuis l'ut de 32 pieds à la double octave inférieure de l'ut grave du violoncelle et sonné par la sous-basse et la contre-bombarde, jusqu'au sol, quinte de la neuvième octave supérieure de cet ut de 32 pieds, sonnée par le plus petit tuyau du jeu de carillon. Les longueurs des corps sonores varient d'à peu près 9 mètres à 8 millimètres environ, et les diamètres intérieurs de près de 350 à 4 millimètres.

On comprend qu'il ne soit pas possible d'entrer ici dans bien des détails sur une si grande quantité de tuyaux. Je me contenterai de quelques observations sur ce qu'il y a de plus important, en général, au point de vue de la facture.

En premier lieu, quelle que soit la matière, bois ou métal, employée pour construire les tuyaux, tous ceux de l'orgue de Saint-Ouen présentent une épaisseur de paroi très considérable, eu égard à leur grandeur respective ; qualité indispensable pour qu'on puisse en tirer beaucoup de son bien harmonieux. Les tuyaux à paroi peu épaisse ne profitent qu'à la bourse du facteur qui les livre. M. Cavaillé-Coll a encore agi largement à cet égard ; éliminant rigoureusement, s'ils n'étaient pas absolument irréprochables en cela, tous les tuyaux de l'ancien orgue, que le marché lui aurait permis de conserver.

En second lieu, la façon de tous les tuyaux se fait remarquer par la solidité et le fini, autant que par la belle qualité des matériaux. Dans les tuyaux de métal les soudures sont fortes, franches, bien cordonnées, les bouches et les entailles tracées et taillées nettement, les pieds solides, bien pris et fraisés proprement, la rotondité correcte. Les tuyaux de bois, à lèvres amovibles dès qu'ils sont d'une certaine grosseur, soigneusement peints à l'extérieur et vernis à l'intérieur, sont munis de tout ce qui peut assurer leur solidité et travaillés avec élégance. Leurs pieds mêmes, tournés avec soin et passés au vernis blanc, flattent l'œil. Tous ceux ouverts s'accordent au moyen d'une coulisse.

La formule de M. Cavaillé-Coll pour la détermination des dimensions des tuyaux à bouche (*) permet de leur donner, dès l'abord, la longueur précise qu'ils doivent avoir, sans être obligé comme autrefois de les couper en ton. Non seulement il y a là économie de main-d'œuvre, mais cette sûreté de procédé contribue à la fraîcheur et à la propreté de l'ouvrage.

Dans les tuyaux à anche, depuis les plus grands de la bombarde jusqu'au dernier sol aigu du clairon harmonique, dont la languette est d'une petitesse extrême, l'anchage et l'assujettissement dans le pied sont traités avec une correction parfaite, condition première de la constance de l'harmonie et de l'accord.

Parmi tous les tuyaux, il faut citer ceux de la montre, entièrement refaite à neuf, parce que l'ancienne, dont on projetait d'abord de se servir, ne présentait pas toutes les garanties voulues. Les plus grands sont de 16 pieds. La qualité du métal y rivalise avec le bon goût de l'ouvrage, aussi l'aspect de la montre est-il riche et distingué.

(*) Voir **B** de l'appendice.

Les tuyaux en métal de l'intérieur sont ajustés avec précision dans les faux-sommiers, parfaitement d'aplomb et, comme ceux en bois, qui pour la plupart sont postés, étayés avec soin partout où cela est utile. Ceux de la montre sont solidement soutenus et arrêtés dans les croissants. Tous, quels qu'ils soient, du plus grand au plus petit, sont ainsi parfaitement inébranlables à leur place, ce qui est absolument nécessaire pour leur bon fonctionnement et pour la durée de ceux en métal.

LES CLAVIERS

La situation des claviers entre le grand buffet et le positif est malheureusement défavorable. L'organiste est emprisonné à l'étroit et n'a pas vue sur l'église. Accolé au grand buffet, dont le soubassement fait ombre sonore principalement à l'égard du récit, adossé au positif dont les jeux d'anche résonnent immédiatement derrière lui, sous le coup direct de l'intensité et de l'éclat des trompettes en chamade, il est mal placé pour entendre et juger son jeu. Cette disposition était toutefois commandée par l'emplacement et ne saurait en rien être imputée à l'éminent facteur, créateur du clavier d'orgue moderne et qui l'établit si merveilleusement quand il a ses coudées franches.

L'emploi forcé du buffet du positif marquait au degré inférieur de la claviature la place du clavier qui y correspond. Le clavier du grand-orgue, le plus important de tous, puisque sur lui peut venir se réunir tout l'effet des claviers à main, a été placé immédiatement au-dessus. Vient ensuite le récit qui, outre son importance propre, si grande à cause de sa puissante et riche composition et de sa faculté expressive, peut, par ses accouplements, gouverner tous les jeux des deux claviers du positif et de bombarde. Ce dernier dont, à raison de sa composition, l'usage est le plus limité, a été mis au sommet, place la moins favorable pour le jeu de l'organiste.

L'aspect de la claviature et de ses accessoires est élégant. Rien n'y paraît lourd ou massif, c'est bien celle d'un orgue moderne, sur laquelle l'organiste doit jouer et non exécuter un travail de force. Cet aspect n'est certes pas indifférent ; il met l'organiste comme dans un milieu de distinction.

Le fonctionnement des claviers est excellent. On y trouve douceur, toujours la même quels que soient les accouplements, précision, vivacité et égalité. Avec tous les accouplements de claviers et d'octaves réunis, les passages rapides et délicats, les trilles, etc., sortent nettement. Les claviers à main, sauf peut-être sur quelques notes de basse où la traction tubulaire dessert des postages, répètent aussi bien que ceux d'un très bon piano.

L'attaque du clavier de pédale participe à toutes ces qualités, les touches y enfoncent très peu, les passages vifs et les glissés s'y font avec une grande facilité,

Le fonctionnement des registres est aussi fort doux et en même temps très net, parce qu'ils font bien sentir leur repère et qu'il n'y a pas de réaction d'élasticité dans les mouvements. Même tirés et repoussés avec une certaine violence, les registres n'agissent aucunement les uns sur les autres.

Les pédales d'appel et de combinaison s'accrochent facilement et sûrement, se décrochent de même et remontent vivement et sans bruit.

La pédale à bascule de l'expression se sent bien sous le pied, n'est pas dure eu égard au grand nombre de jalousies qu'elle fait mouvoir, et s'arrête avec sûreté là où on l'abandonne.

Tout le mécanisme est silencieux, même, jusqu'à un degré assez rare, celui du tremblant.

Il serait bien utile que les facteurs adoptassent une règle uniforme pour la coordination méthodique des boutons de registres. Par exemple, sur les gradins relatifs à chaque clavier, d'abord tous les jeux de fond à la suite l'un de l'autre, puis tous les jeux de mutation, puis tous les jeux d'anche ; l'acuité dans chaque catégorie progressant de gauche à droite comme sur le clavier, et la puissance entre jeux de même acuité dans le même sens.

De même, les pédales d'accouplement et celles d'appel devraient former deux séries, dans chacune desquelles l'accrochement successif, en suivant simplement l'ordre de disposition, produisît le crescendo régulier.

Par ce moyen, tout organiste s'asseyant au clavier saurait, de suite et sans hésitation, où trouver ce dont il voudrait se servir.

Je sais bien que cet agencement entraîne certaines difficultés de mécanisme, mais je connais des orgues considérables où il a été réalisé avec un excellent résultat.

LA MISE EN HARMONIE

Nous touchons ici à la partie en réalité la plus artistique de la facture d'orgue et en même temps au trait peut-être le plus caractéristique de l'œuvre de Cavaillé-Coll en général et de l'orgue de Saint-Ouen en particulier.

Mettre un orgue en harmonie, opération absolument distincte de l'accord, c'est donner à chaque tuyau individuellement, à chaque jeu dans sa portée entière, à chaque catégorie de jeux, au contingent de chaque clavier, à l'ensemble enfin de l'instrument, les qualités tant absolues que relatives de son, comme attaque, timbre et intensité, qui constituent la valeur esthétique musicale.

Là il n'y a rien de rigoureusement préfini ni de matériellement mesurable. On peut très bien faire parler chaque tuyau et n'arriver qu'à un résultat plus que médiocre. Il faut beaucoup de tact pour imprimer à chaque jeu, d'une façon suffisamment accusée, sa couleur et ses qualités particulières, sa physionomie propre, dirait-on presque, et arriver en même temps à une fusion bien pondérée dans les mélanges, à une belle unité dans l'ensemble. Il faut savoir tenir compte de circonstances étrangères à l'instrument lui-même ; de l'usage spécial auquel il est destiné, de la place qu'il occupe dans l'édifice, des qualités et des défauts acoustiques de ce dernier. C'est affaire de sentiment et de goût autant et plus que d'expérience et d'habileté manuelle, et parmi les « harmoniseurs » de vrai mérite, chaque artiste, car ce ne sont pas de simples ouvriers, imprime encore à ce qui sort de ses mains un cachet personnel très appréciable pour le connaisseur. Pour tout dire en un mot, sans la perfection de la mise en harmonie, l'orgue le mieux construit n'est rien au point de vue de l'art.

Or, je ne crains pas de le dire bien ouvertement, de toutes les nombreuses orgues que j'ai eu l'occasion d'entendre tant à l'étranger qu'en France, de toutes les orgues même de Cavaillé-Coll, sous le rapport de la mise en harmonie, aucun instrument ne m'a semblé à la hauteur du nouvel orgue de Saint-Ouen (*).

J'ai déjà indiqué ce qu'exigeait l'immense vaisseau gothique contre les proportions duquel il y avait à lutter. Ma conviction est que, de cette lutte, l'orgue est sorti grandiosement vainqueur.

Le caractère principal du total de sonorité y est une ampleur profonde et compacte, une puissance très

---

(*) A la fin de 1889, l'œuvre de Cavaillé-Coll comprenait 479 orgues, dont 18 de 32 pieds ; 364 en France et 115 à l'étranger.

grande et très calme, obtenue plutôt par la solidité et la plénitude que par l'éclat et, surtout, une unité d'effet que je n'ai encore rencontrée nulle part au même degré. L'intensité et le *massif* des basses sont absolument remarquables et pourtant elles n'écrasent rien ; il y a pondération si exacte entre elles, les médiums et les dessus, et d'un autre côté la force et le timbre respectifs des jeux sont si bien ménagés en vue de la fusion, que, soit dans le tutti général, soit dans les grands mélanges, fonds, plein-jeu, grand-chœur, le sens esthétique est saisi par une impression unique, sans y découvrir de scission, de lacune ni d'écart.

Malgré leur grande vigueur, leur éclat et l'effet exceptionnel dû à leur situation privilégiée, les jeux en chamade ne percent pas d'une manière indue. Cela tient à deux causes. D'abord leur timbre est aussi pur, aussi exempt de toute âpreté qu'il est énergique et, d'un autre côté, la masse à laquelle ils viennent s'allier a trop de volume et de cohésion pour qu'ils l'écrasent ou la déchirent. C'est même là une mesure directe de l'énorme puissance du tutti à Saint-Ouen, de voir deux jeux de cette intensité exceptionnelle se fondre d'une façon si correcte et si artistique dans l'effet général. Tout en ajoutant beaucoup de force au tutti, ils ne semblent néanmoins qu'en éclairer et qu'en préciser l'accent, surtout par rapport à l'attaque, de sorte qu'un organiste en comparait, devant moi, l'action à celle de la percussion dans l'harmonium. Au point de vue de la mise en harmonie, c'est un résultat splendide et qui définit nettement la nature et la valeur du parti à tirer des jeux en chamade. Puissent des facteurs moins habiles ne pas arriver à de pires résultats, par d'intempestives et maladroites tentatives d'imitation.

La bombarde de 32 pieds elle-même, jeu dangereux à cet égard, car dans presque toutes les orgues où elle se rencontre elle semble s'isoler non sans quelque rudesse, se fond à Saint-Ouen si bien dans l'ensemble que, tout en se faisant largement valoir, ainsi qu'elle le doit, elle ne met aucun grondement en dehors de l'unité de masse.

Même dans l'effet de détail persiste cette impression maîtresse d'unité, sauvegardée avec beaucoup d'art, car elle ne fait que donner de la cohésion à la variété, sans l'amoindrir ni la voiler en rien. Les jeux récitants ressortent parfaitement, de façon à produire avec clarté l'instrumentation la plus riche, mais aucun d'eux ne tranche sèchement, comme ce n'est que trop souvent le cas dans l'orgue, sur le coloris du groupement harmonique.

Les procédés qui conduisent à ces résultats ne sauraient s'analyser. Il n'est toutefois pas hors de propos d'examiner brièvement le caractère imprimé aux principaux jeux.

A la pédale d'abord, la sous-basse de 32 pieds, qui remplace évidemment un jeu ouvert de même tonalité, a été poussée à une grande intensité de son et cependant, malgré son extrême gravité, le timbre en est appréciable, plein et rond, parce qu'on a réussi à y marier, dans une juste mesure, l'harmonique concomitante de douzième au son fondamental. La contre-basse de 16 pieds, qui dans cette partie de l'orgue représente le principal, est également très forte et très pleine, mais possède en même temps un beau mordant d'octave. Elle n'a rien de la lourdeur qui entache souvent ce jeu. La sous-basse de 16, tenue dans une teinte plus modérée que celle de 32 pieds, parce qu'elle doit fréquemment servir d'accompagnement aux détails d'instrumentation, est cependant assez forte pour départir largement à la tonalité de 16 pieds le caractère de fond compact propre aux grands jeux bouchés. Il importe que cette tonalité de 16 pieds domine beaucoup à la pédale, parce que, dans la première octave, elle y forme la continuation de la tonalité normale de 8 pieds des claviers à main. La réunion de la contre-basse et de la sous-basse de 16 pieds satisfait suffisamment à cette condition, à raison de la façon dont ces deux jeux ont été traités. Néanmoins, dans un orgue aussi riche que celui de Saint-Ouen, si l'espace l'avait permis, je n'aurais pas été fâché de rencontrer à la pédale un troisième 16 pieds de fond plus étroit, un violon-basse par exemple, afin que les trois familles des jeux à bouche, jeux bouchés, jeux ouverts de forte taille et jeux de menue taille, y fussent, comme au grand-orgue, complètement représentés dans leurs timbres spéciaux.

La basse de 8 pieds est traitée avec une intensité pareille à celle de la contre-basse de 16, mais avec moins de mordant, parce que le violoncelle, d'une intonation assez tranchante, est là pour douer la tonalité de 8 pieds de souplesse et de clarté. La partie la plus élevée de la basse de 8 pieds est d'un velouté remarquable. Le bourdon de 8 pieds est assez doux pour doubler discrètement la sous-basse de 16 dans le détail. La flûte de 4 pieds enfin, prise assez forte, ajoute beaucoup de précision au rendement d'ensemble de cette belle pédale de fond, sur la mise en harmonie de laquelle je me suis un peu étendu, parce qu'elle entre pour beaucoup dans la grandiose et calme solidité de l'effet général.

Quant aux jeux d'anche de la pédale, ce qui y domine, c'est l'harmonieuse puissance des deux bombardes de 32 et de 16 pieds, qui, tout en affirmant carrément leur propre prééminence, en donnant ainsi une mâle énergie à l'ampleur des basses profondes, ont tant de moelleux qu'elles se relient intimement à l'ensemble et s'y fusionnent absolument.

Le basson de 16 pieds est également fort beau par sa douceur grave, pure et contenue.

Comme celle des jeux à bouche, l'attaque de tous ces jeux d'anche est excellente. Celle de la bombarde de 32 pieds est d'une prestesse et d'une netteté que nulle part je n'ai rencontrée, au même degré, dans ce jeu très difficile à traiter sous ce rapport.

Sur les claviers à main les jeux de la famille du principal sont généralement portés à toute leur valeur dans

Par tuyau, on entend non le corps seul mais l'ensemble du corps et de l'anche.

L'anche doit être de même diamètre que le bout contigu du corps et y joindre exactement. Elle ne doit pas être trop plate, mais se rapprocher le plus possible de la forme cylindrique. Les anches en usage dans la facture française actuelle remplissent assez bien cette dernière condition.

La longueur du tuyau se mesure sur l'axe, à partir de l'extrémité libre de l'anche, jusqu'au bout opposé du corps.

La masse d'air contenue dans le tuyau est seule ici le corps sonore. C'est donc à ses dimensions qu'en réalité s'applique le calcul. Il est dès lors évident que toutes les mesures de diamètre doivent être prises à l'intérieur du tuyau. Elles doivent l'être avec beaucoup de précision, parce que de très petites variations dans leur rapport ont une influence sensible sur le résultat du calcul.

TUYAUX CONIQUES

Les tuyaux à anche dits coniques sont ceux dans lesquels la divergence de la paroi par rapport à l'axe reste uniforme sur toute la longueur du corps. (Trompettes, bombardes, clairons, bassons coniques, etc.).

Pour ces tuyaux, étant :

O la longueur de l'onde du ton, (égale au quotient $\frac{V}{N}$ de la vitesse de propagation du son dans l'air par le nombre de vibrations) ;

T la longueur du tuyau ;
D le diamètre du bout opposé à l'anche ;
D' le diamètre du bout où se trouve l'anche ;

$$T = \frac{OD}{(D + D')}$$

Soit : la longueur du tuyau égale la longueur de l'onde du ton, multipliée par le diamètre du bout supérieur et divisée par la somme des diamètres.

D'où :

$$O = \frac{T(D + D')}{D}$$

Soit : la longueur de l'onde du ton égale la longueur du tuyau, multipliée par la somme des diamètres et divisée par le diamètre du bout supérieur.

Comme la qualité de l'harmonie dépend de la justesse de relation entre la longueur du tuyau et la longueur de l'onde, et comme cette dernière varie sous l'influence de la température avec la vitesse de propagation du son dans l'air, pour maintenir parfaitement constante la qualité de l'harmonie, il faudrait faire varier proportionnellement la longueur du tuyau. La forme évasée du corps ne s'y prête pas. On y supplée, pour les tuyaux coniques, au moyen d'une entaille disposée à peu près de la même façon que celle du tuyau à bouche.

Pour l'établir, il faut d'abord définir entre quelles limites de température on veut rendre stable la qualité de l'harmonie. Supposons 15 degrés au-dessus et 15 au-dessous de la température moyenne.

Pour une élévation de température de 15 degrés centigrades, la vitesse de propagation du son dans l'air augmente d'environ $\dfrac{25}{1000}$.

On calculera, en premier lieu, la longueur T du tuyau pour l'onde $\dfrac{V}{N}$ déterminée d'après la vitesse moyenne de propagation du son, soit $\dfrac{340 \text{ mètres}}{N}$. Cette longueur T obtenue, on lui donnera le coefficient 1,025, et le produit sera la longueur T′ convenable au tuyau pour une température de 15° au-dessus de la moyenne. Ce sera cette longueur T′ qu'on donnera réellement au tuyau.

La différence T′ — T indiquera la distance à laisser entre le bord supérieur du tuyau et le point d'origine de l'entaille. On tracera celle-ci en allant de ce point vers l'anche, dans la forme d'un rectangle, dont deux côtés seront égaux à $\dfrac{1}{3}$ du diamètre supérieur du tuyau et les deux autres à $\dfrac{4}{3}$ de la différence T′ — T. Les côtés les plus longs seront placés suivant la longueur du tuyau.

L'occlusion complète de l'entaille mettra le tuyau au point pour la température la plus élevée, et son ouverture progressive fera suivre à l'harmonie l'abaissement de température, tout en permettant de corriger les petites différences de résultat provenant des légères inexactitudes de construction presque inévitables dans la main-d'œuvre courante.

TUYAUX CYLINDRIQUES

Pour les tuyaux dits improprement cylindriques, mais réellement composés d'une pointe conique surmontée d'un tronçon cylindrique, (cromorne et clarinette),

Étant :

O la longueur de l'onde du ton ;

T la longueur du tuyau entier ;

P la longueur de la pointe, mesurée depuis le bout libre de l'anche jusqu'au point de jonction avec le cylindre ;

D le diamètre du cylindre, qui est aussi celui du gros bout de la pointe ;

D' le diamètre commun du petit bout de la pointe et de l'anche ;

$$T = \frac{O}{\left(1 + \frac{C}{(T+P)} + \frac{PD'}{TD}\right)}$$

D'où :

$$O = T\left(1 + \frac{C}{(T+P)} + \frac{PD'}{TD}\right)$$

Le rapport de longueur qu'on veut établir entre la pointe et le cylindre, c'est-à-dire $\frac{P}{C}$, et le rapport des diamètres $\frac{D'}{D}$ étant connus, la longueur du tuyau se calcule très simplement en remplaçant dans le diviseur :

$$\left(1 + \frac{C}{(T+P)} + \frac{PD'}{TD}\right)$$

l'expression concrète des dimensions par les termes des rapports. Supposons, par exemple :

$$\frac{P}{C} = \frac{1}{3} \text{ et, par conséquent, } T = 4$$

$$\text{et } \frac{D'}{D} = \frac{6}{30} = \frac{1}{5}$$

On peut poser :

$$T = \frac{O}{\left(1 + \frac{3}{(4+1)} + \frac{1 \times 1}{4 \times 5}\right)}$$

D'où :

$$T = \frac{O}{\left(1 + \frac{3}{5} + \frac{1}{20}\right)} = O \times \frac{20}{33}$$

Il est toutefois une forme plus compliquée du problème ; celle où le rapport $\frac{P}{C}$ n'étant pas donné, on ne connaîtrait à l'avance que la longueur O de l'onde, la longueur P de la pointe et le rapport $\frac{D'}{D}$ des diamètres terminaux.

Tel serait le cas s'il s'agissait d'ajouter un cylindre à une pointe préexistante.

La longueur à donner au cylindre se trouverait alors par :

$$C = \left[\frac{O}{4} - \left(1 + \frac{D'}{4D}\right) P\right] + \sqrt{\left[\left(1 + \frac{D'}{4D}\right) P - \frac{O}{4}\right]^2 + OP - P^2 \frac{(D+D')}{D}}$$

L'emploi de l'entaille n'est pas favorable à la belle harmonie du tuyau cylindrique à anche battante. Pour faire suivre délicatement à cette harmonie les variations de température, il n'y a donc d'autre moyen que de retrancher une petite partie de la longueur du tuyau, $\frac{25}{1000}$ par exemple, en prévision d'un abaissement de température de 15° centigrades, et de le munir, à sa partie supérieure, d'une virole mobile glissant à frottement comme la calotte d'un bourdon, mais ouverte, et pouvant fournir une amplitude de course double de la longueur retranchée. Pour adoucir le glissement, tout en maintenant bien la virole, on garnit en peau de chevreau le bout du corps, sur une longueur suffisante.

B

DÉTERMINATION DES DIMENSIONS DU TUYAU D'ORGUE A BOUCHE.

En 1863, M. Cavaillé-Coll a présenté à l'Académie des Sciences la formule suivante, pour la détermination des dimensions des tuyaux d'orgue à bouche prismatiques ou cylindriques (*) :

Étant :

V la vitesse de propagation du son dans l'air ;
N le nombre des vibrations pour le ton ;
L la longueur du tuyau ;
P la profondeur intérieure du tuyau de l'avant à l'arrière ;

$$L = \frac{V}{N} - 2P$$

Soit : la longueur du tuyau est égale au quotient de

la vitesse du son par le nombre de vibrations, diminué de deux fois la profondeur.

La formule s'applique sans aucune modification aux tuyaux de bois à section rectangulaire.

Dans les tuyaux cylindriques en métal, il ne faut pas confondre *la profondeur à la bouche* avec *le diamètre*. L'aplatissement de la bouche forme habituellement une corde sous-tendant un arc égal aux $\frac{3}{4}$ de la circonférence du tuyau. C'est la moyenne des perpendiculaires abaissées de cette corde sur l'arc sous-tendu qui doit être prise comme profondeur. Or cette moyenne peut être représentée sans erreur sensible par $\frac{5}{6}$ du diamètre D.

Pour les tuyaux cylindriques la formule est donc :

$$L = \frac{V}{N} - \left(D \frac{5}{3}\right)$$

Soit : la longueur des tuyaux cylindriques est égale au quotient de la vitesse du son par le nombre des vibrations, moins les $\frac{5}{3}$ du diamètre du tuyau.

Pour déterminer la position des ventres de vibration

(*) Bien des physiciens ont traité cette question, mais seulement au point de vue de la théorie et pour un tuyau imaginaire, abstraction faite de la façon dont le tuyau doit nécessairement être embouché dans l'orgue et des phénomènes spéciaux qui en résultent. Aussi leurs formules ne sont-elles d'aucune utilité directe dans la facture. Celle de M. Cavaillé-Coll, au contraire, est extrêmement satisfaisante à cet égard, car les tuyaux construits d'après ses indications se trouvent si sensiblement au ton, qu'ils peuvent être placés dans l'orgue tels qu'ils sortent des mains de l'ouvrier, et n'ont plus besoin d'être recoupés pour être mis en harmonie et recevoir l'accord. A cette utilité immédiate d'application elle joint l'avantage d'une grande simplicité.

dans les tuyaux harmoniques, suivant qu'on veut avoir le premier, le deuxième ou le troisième harmonique (*), on prend deux, trois ou quatre fois la longueur d'onde $\frac{V}{N}$ du ton à produire et on retranche de cette longueur totale les $\frac{5}{3}$ du diamètre. On prend ensuite, à partir de l'extrémité ouverte du tuyau, une, deux ou trois longueurs d'onde, suivant l'harmonique qu'il s'agit d'obtenir. On trouve ainsi la place du premier ventre et on y perce un petit trou, qui suffit pour faire sortir le son harmonique voulu.

Pour les tuyaux à ouverture latérale dits *à entaille*, on retranche de la longueur d'onde $\frac{2}{3}$ seulement du diamètre. On obtient ainsi la longueur à donner au tuyau. On prend à partir de l'extrémité supérieure une distance égale à $\frac{1}{3}$ du diamètre. On a ainsi le point de départ de l'entaille, qu'on étend dans le sens de la longueur du tuyau, vers la bouche, à une distance égale à $\frac{2}{3}$ sur une largeur égale à $\frac{1}{3}$ seulement du diamètre.

(*) En matière de facture d'orgues et pour différencier les acceptions, il est utile, je crois, licite par conséquent, d'employer, comme je le fais, harmonique, substantif féminin, pour désigner *la résonance* harmonique concomitante naturelle ou artificielle, et de réserver harmonique, substantif masculin, pour signifier *le son* tiré du tuyau à la place du son fondamental, au moyen d'un doublement.

POST-SCRIPTUM

Au moment où ces pages allaient sortir de presse, consulté, d'autre part, au sujet de M. Cavaillé-Coll, M. Joseph Verheijen, organiste de Saint-Antoine de Padoue (*Moïse et Aaron*) d'Amsterdam, et président de l'Association des organistes néerlandais, n'a répondu que par ces seuls mots :

« Je tiens Cavaillé-Coll pour le premier facteur
» d'orgues du monde. »

Avec l'agrément qu'y donne l'excellent artiste hollandais, enregistrons ici une appréciation si conforme au jugement des premiers maîtres, et qui montre comment, dans encore un pays étranger, où l'orgue est fort en honneur et où, à côté des instruments indigènes, on rencontre bien des instruments allemands, les hommes les plus autorisés proclament la supériorité absolue de notre grand facteur.

ERRATA

Page 3, ligne 17, au lieu de : 0. Basson 16 » » » » 24, lisez : *0. Basson 8* » » » » *12*.

Page 18, ligne 21, deuxième colonne, au lieu de : Clairon en chamade... 8, lisez : *Clairon en chamade... 4*.

Page 25, ligne 17, au lieu de : nazillard, lisez : *nasillard*.

Page 70, ligne 22, au lieu de ayec, lisez : *avec*.

www.ingramcontent.com/pod-product-compliance
Lightning Source LLC
LaVergne TN
LVHW052110090426
835512LV00035B/1459